Anja Voss · Susanne Viernickel

Gute gesunde Kita

Bildung und Gesundheit in Kindertageseinrichtungen

Anja Voss · Susanne Viernickel

Gute gesunde Kita

Bildung und Gesundheit in Kindertageseinrichtungen

Konzept einer integrierten Gesundheits- und Qualitätsentwicklung

unter Mitarbeit von

Rainer Strätz, Karin Esch, Maren Janella, Tim Krüger und Stefanie Schwarz

verlag das netz
Weimar

Bitte richten Sie Ihre Wünsche, Kritiken und Fragen an:
service@verlagdasnetz.de
verlag das netz GmbH
Nummer 51
99441 Kiliansroda/Weimar
Telefon: +49 36453.71 40
Telefax: +49 36453.71 412

In Kooperation mit der Unfallkasse NRW

ISBN 978-3-86892-120-5

Redaktion: Heinz Hundeloh
Lektorat: Rahel von Wroblewski
Gestaltung: Jens Klennert, Tania Miguez
Titelfoto: Jochen Fiebig
Fotos: Milena Clar
Druck und Bindung: Förster & Borries, Zwickau
Printed in Germany

Weitere Informationen finden Sie unter www.verlagdasnetz.de.

Inhaltsverzeichnis

0 Einleitung

Das vorliegende Konzept soll Kindertageseinrichtungen auf dem Weg zu einer gesunden und entwicklungsfördernden Lebens-, Lern- und Arbeitswelt unterstützen. Die gute gesunde Kindertageseinrichtung[1] zeichnet sich dadurch aus, dass sie die Umsetzung des Erziehungs-, Bildungs- und Betreuungsauftrags mit der Förderung der Gesundheit aller im Setting Beteiligten verbindet und dadurch die Entwicklungs- und Bildungschancen der Kinder nachhaltig verbessert.

In Übereinstimmung mit anderen aktuellen Qualitätskonzepten und Programmen zur Bildungs- und Gesundheitsförderung[2] werden Prävention und Gesundheitsförderung als unverzichtbare Elemente zur Erzielung optimaler Bildungsqualität verstanden, die stärker als bislang Eingang in die Organisationsentwicklung von Kindertageseinrichtungen finden sollen.

Gesundheit und Bildung stehen in einem Wechselverhältnis zueinander und bedingen sich in der guten gesunden Kita gegenseitig: Gesundheit ist somit zugleich die Grundlage und das Ergebnis eines gelingenden Bildungsprozesses, Bildung ist sowohl eine

1 Unter der Bezeichnung »Gute gesunde Kita« versammeln sich eine Reihe zum Teil voneinander unabhängiger, zum Teil aus gemeinsamen Ursprüngen hervorgegangener Konzepte und Praxismaterialien. Gemeinsam ist ihnen die paradigmatische Verschränkung von Bildung und Gesundheit mit dem Anspruch, für die Qualitätsentwicklung in Kindertageseinrichtungen beide Perspektiven konsequent zu integrieren und Kindertageseinrichtungen gleichzeitig als bildungs- und gesundheitsförderliche Settings zu gestalten.

2 u. a. Die gute gesunde Kita gestalten, Bertelsmann Stiftung 2012; NRW-Landesprogramm Bildung und Gesundheit, Steuerungsgruppe des Landesprogramms »Bildung und Gesundheit« 2013

Voraussetzung für Gesundheit als auch ein Ergebnis eines gesundheitsfördernden Lebens- und Lernortes. Die gute gesunde Kita berücksichtigt bei der Erfüllung des Bildungs-, Erziehungs- und Betreuungsauftrags sowohl das Wohl des Kindes als auch die Gesundheit und das Wohlbefinden aller Mitarbeiterinnen und Mitarbeiter.

Um diese Verbindung nachhaltig zu stärken, geht es in der guten gesunden Kita nicht um die Durchführung von kurzfristigen Einzelmaßnahmen für unterschiedliche Beteiligungsgruppen, sondern um die Implementierung der sich gegenseitig bedingenden Faktoren als langfristiges Ziel in die Alltagsroutinen, Strukturen und Entwicklungsprozesse der Organisation. Ausgangspunkt ist eine salutogenetische Sichtweise und ein Verständnis von Bildung, das auf Sicherheit gebenden Beziehungen basiert und neben der Förderung des Kohärenzgefühls der Kinder gleichermaßen die Persönlichkeitsentwicklung und den Auf- und Ausbau der Gesundheitskompetenz von Mitarbeiterinnen und Mitarbeitern sowie Eltern fokussiert.

Das vorliegende Konzept wird mit einer Beschreibung der Charakteristika von Kindertageseinrichtungen im aktuellen Kontext ihres gesellschaftlichen Auftrags eingeleitet (Kap. 1). Im Anschluss wird das Thema »Gesundheit« in Kindertageseinrichtungen theoretisch und empirisch aufgearbeitet (Kap. 2). Das dritte Kapitel führt in das Qualitätsverständnis, die grundlegenden Prinzipien und den Aufbau des Konzepts der guten gesunden Kita ein. Diese bilden die Basis für den nachfolgend ausdifferenzierten Referenzrahmen der guten gesunden Kita, der acht Bereiche und insgesamt 40 Qualitätsfelder beinhaltet. Die Qualitätsfelder bilden in unterschiedlicher Gewichtung Struktur-, Orientierungs-, Organisations- und Management-, Prozess-, Entwicklungs- und Ergebnisqualitäten der guten gesunden Kita ab und dienen im Prozess der Qualitätsentwicklung den beteiligten Akteuren als Orientierungs- und Ankerpunkte.

Das fünfte und letzte Kapitel zeigt auf, wie Kindertageseinrichtungen sich auf den Weg machen und einen systematischen Qualitätsentwicklungsprozess zur guten gesunden Kita initiieren und verstetigen können. Von großer Bedeutung für einen erfolgreichen Verlauf ist es, dass jede Einrichtung entsprechend der spezifischen Voraussetzungen eigene Ziele und Wege zur Umsetzung und ihren eigenen Rhythmus der Qualitätsentwicklung findet.

1 Merkmale der Tageseinrichtungen für Kinder

Tageseinrichtungen für Kinder sind gesellschaftliche Institutionen, die sich durch eine Reihe charakteristischer Merkmale auszeichnen, durch die sie sich von familiären Bildungs- und Erziehungsumwelten, von der Kindertagespflege als parallelem Angebot der Bildung, Erziehung und Betreuung und von der Schule als nachfolgender Bildungsinstitution abgrenzen lassen. Um die Themen Bildung und Gesundheit in Kindertageseinrichtungen angemessen bearbeiten und miteinander in Bezug setzen zu können, müssen die konstituierenden Merkmale dieses Settings identifiziert und berücksichtigt werden.

1.1 Bildungs-, Erziehungs- und Betreuungsauftrag

Die frühkindliche Betreuung, Bildung und Erziehung in Kindertagesreinrichtungen unterliegt seit einigen Jahren großen Veränderungen. Das gesellschaftliche Ziel, für alle Kinder gute Bildung von Anfang an bereitzustellen, erfordert Bildungs-, Erziehungs- und Betreuungsangebote für Kinder in ausreichender Quantität und hoher Qualität. Von bildungspolitischer Relevanz ist hierfür besonders der Ausbau der Kindertagesbetreuung für unter Dreijährige und das Inkrafttreten des Rechtsanspruches auf einen Betreuungsplatz für Kinder mit Vollendung des ersten Lebensjahres seit August 2013. Hiermit sind eine Reihe von Herausforderungen verbunden: die bedarfsgerechte regionale Bereitstellung von Plätzen, damit verbundene Aus- und Neubaumaßnahmen sowie die Gewinnung von qualifizierten Fachkräften für die neu entstandenen Plätze, um den gesetzlich festgeschriebenen Personalschlüssel gewährleisten zu können.

Bildungs- und gesellschaftspolitische Begründungsmuster für den Ausbau rekurrieren sowohl auf den Betreuungsauftrag im Sinne der Förderung der Vereinbarkeit von Familie und Beruf bei Ermöglichung der Wahlfreiheit von Eltern, ihr(e) Kind(er) in den ersten Lebensjahren zu Hause zu betreuen oder eine öffentliche Betreuung in Anspruch zu nehmen, als auch auf den Bildungs- und Erziehungsauftrag im Sinne der gesellschaftlichen Verantwortung für Bildungs- und Chancengerechtigkeit und den Abbau sozialer Ungleichheiten, wenn die Bildungsbeteiligung von Kindern mit Migrationshintergrund bzw. Unterstützung der alltagsintegrierten Sprachförderung beim Zweitspracheneerwerb und die Teilnahme an frühkindlicher Bildung für Kinder mit Behinderung thematisiert wird.

Der Bildungsauftrag von Tageseinrichtungen für Kinder ist zwar bereits länger im SGB VIII (§ 22 Abs. 3) verankert; die Forderung nach einer systematischen Gestaltung von Bildungsprozessen der frühen Kindheit und der Entwicklung von Standards und Kriterien der Bildungsarbeit wurde durch die Einführung des gemeinsamen Rahmens der Länder für die frühkindliche Bildung in Kindertagesstätten 2004 jedoch noch einmal hervorgehoben und seitdem in allen Bundesländern in Bildungsprogramme, -pläne oder -leitlinien überführt.

Der in § 22 SGB VIII formulierte eigenständige Bildungs-, Erziehungs- und Betreuungsauftrag wird in den Ländergesetzen konkretisiert. So liegen beispielsweise nach dem Kinderbildungsgesetz (KiBiz) von Nordrhein-Westfalen die Kernaufgaben von Kindertageseinrichtungen (und Kindertagespflege) darin, »das Kind ... in seiner Entwicklung zu einer eigenständigen und gemeinschaftsfähigen Persönlichkeit zu fördern, es zu Verantwortungsbereitschaft, Gemeinsinn und Toleranz zu befähigen, seine interkulturelle Kompetenz zu stärken, die Herausbildung kultureller Fähigkeiten zu ermöglichen und die Aneignung von Wissen und Fertigkeiten in allen Entwicklungsbereichen zu unterstützen« (§ 13 Abs. 2 KiBiz 2014)[3]. Weiterhin gibt das Gesetz eine »individuelle Bildungsförderung [vor, die] die unterschiedlichen Lebenslagen der Kinder und ihrer Eltern berücksichtigt« (§ 13 Abs. 3 KiBiz 2014). Die pädagogischen Fach- und Leitungskräfte in Kindertageseinrichtungen und Tagespflege »haben den Bildungs- und Erziehungsauftrag im regelmäßigen Dialog mit den Eltern durchzuführen und deren erzieherische Entscheidungen zu achten« (§ 3 Abs. 2 KiBiz 2014). Als Aufgaben der pädagogischen Fachkräfte hebt das Kinderbildungsgesetz das Beobachten und Dokumentieren der Entwicklung der Kinder hervor sowie die individuelle Sprachförderung. Auch die Zusammenarbeit mit den Familien wird im KiBiz gesondert aufgeführt, insbesondere die Unterstützung von Familien durch die Erweiterung der Kindertageseinrichtungen zu Familienzentren (§ 16 KiBiz 2014).

In diesen Ausführungen wird deutlich, dass Kindertageseinrichtungen als erste Stufe des Bildungswesens nicht nur den Auftrag der Förderung bildungsrelevanter Fähigkeiten und der Vorbereitung auf die Schule haben, sondern auch Orte der Sozialisation und der Entwicklung im Zusammenspiel von Individualität und Soziabilität sind[4]. Im Mittelpunkt steht eine umfassende Lebens- und Persönlichkeitsbildung in enger Kooperation mit den Eltern. In der Trias von Bildung, Erziehung und Betreuung beginnen alle

3 In anderen Bundesländern werden ähnlich lautende Formulierungen gewählt, wobei in den Gesetzestexten auch individuelle Schwerpunktsetzungen erkennbar sind.

4 Hemmerling, 2008

drei Komponenten mit der Geburt des Kindes in der Familie, werden durch vorschulische Einrichtungen unterstützt und in der Schule weitergeführt. Sie unterscheiden sich jedoch in ihrem Auftrag:

- Betreuung (›care‹) als Fundament frühkindlichen Aufwachsens stellt einen integralen Bestandteil der Erziehung dar und bedeutet in Kindertageseinrichtungen die professionell wahrgenommene Aufgabe der physischen und emotionalen Versorgung der Kinder sowie den Aufbau und die Stabilität von Beziehungen.[5]
- Erziehungsprozesse umfassen in erster Linie die Vermittlungstätigkeiten der älteren Generation bzw. der pädagogischen Fachkräfte gegenüber der jüngeren. Diese sind jedoch nicht unidirektional, sondern vollziehen sich in Form eines komplexen, immer interaktiven und kommunikativen Wechselverhältnisses zwischen der eigenständigen und eigen»sinnigen« Aneignungstätigkeit des Kindes und dem Bezug auf gesellschaftliche Werte und Traditionen, gesetzte Verhaltensstandards und Erziehungsziele von Seiten der Erwachsenen.[6] In Kindertageseinrichtungen finden die Kinder Unterstützung in der Entwicklung ihrer Ich-Identität und der Herausbildung ihrer moralischen Urteilskraft, und sie erlernen gesellschaftliche Regeln sowie Orientierungsmuster.
- Der Begriff der Bildung betont die im Menschen angelegte Eigentätigkeit im Sinne einer »Bildsamkeit« oder »Lernfähigkeit«, während Erziehung und Betreuung die Angewiesenheit des Heranwachsenden auf Unterstützung und Anregung aus seiner Umwelt betonen. Bildung und Erziehung sind als komplementäre Begriffe zu verstehen, wobei Erziehung eher als Vermittlungstätigkeit und Bildung eher als Aneignungstätigkeit begriffen wird.[7]

1.2 Bildungsverständnis

Bildung[8] als ein Grundbegriff der (Früh-)Pädagogik verweist auf einen selbsttätigen Prozess der Welt-Aneignung, der mit der Geburt beginnt und sich lebenslang vollzieht. In diesem Prozess sind Beziehung und Bindung die Voraussetzungen für Bildung, und Mündigkeit bzw. Selbstbestimmung ist das Ziel. Das Kind eignet sich seine Lebensumwelt über mannigfaltige Weltbezüge, wie z. B. kulturelle, soziale, subjektive und materiell-dingliche Welten, an. Die individuellen Bildungsprozesse des Kindes hängen von einer anregenden Umgebung und aufmerksamen Bezugspersonen ab, die das Kind in seiner Selbsttätigkeit unterstützen. Der »Gemeinsame Rahmen der Länder für die frühe Bildung in Kindertageseinrichtungen«[9] stellt eine Verständigung der Bundesländer über die Bildungsarbeit in Kindertageseinrichtungen dar. Innerhalb des gemeinsamen Rahmens gehen alle Länder eigenen, den spezifischen Bedingungen angemessenen Wegen der Ausdifferenzierung dieses Rahmens nach. Folgende Aspekte sind bundeslandübergreifend leitend:

5 Rauschenbach 2009

6 Liegle 2014

7 Benner 2001

8 Die bundesdeutsche Diskussion um pädagogische Ansätze zur Förderung von Bildungsprozessen im Elementarbereich widmet sich im Gegensatz zum internationalen Diskurs primär der Bestimmung des Bildungsbegriffs in Abgrenzung zu Lernen oder Erziehung. In der internationalen Diskussion existiert die Differenzierung nicht und es wird von Lernprozessen bzw. Entwicklung oder Förderung im Rahmen von Childhood Education and Care gesprochen.

9 Beschluss der Jugendministerkonferenz vom 13./14.05.2004/Beschluss der Kultusministerkonferenz vom 03.04.06.2014 (www.kmk.org/fileadmin/veroeffentlichungen_beschluesse/2004/2004_06_03-Fruehe-Bildung-Kindertageseinrichtungen.pdf) 20.11.2015

- das Prinzip der ganzheitlichen Förderung
- wechselseitige Einflussnahme von Kind und sozialem Umfeld im Prozess der Weltaneignung oder Sinnkonstruktion
- Vermittlung grundlegender Kompetenzen und die Entwicklung und Stärkung persönlicher Ressourcen
- Erweiterung, Unterstützung sowie Herausforderung des kindlichen Forscherdranges
- interkulturelle Bildung

Die Herausforderung an die pädagogischen Fachkräfte besteht nun darin, die (all-)täglichen Erfahrungen der Kinder so zu gestalten, dass daraus Bildungserfahrungen werden können. Dies setzt voraus, dass sich Kinder mit für sie zentralen Themen befassen können, auf ihre Weise lernen und ihre individuellen Potenziale einsetzen und entfalten können, wenn sie über den Erwerb von Wissen und Kompetenzen hinaus Bereitschaften und Einstellungen (weiter-)entwickeln und wenn sie lernmethodische und selbstreflexive Kompetenzen erwerben. Eine zentrale Voraussetzung hierfür ist, dass die kindlichen Bedürfnisse nach Sicherheit, empathischer Fürsorge und Bindung an wichtige Bezugspersonen erfüllt sind.

Die relevanten Inhalte werden im Elementarbereich nicht Fächern, sondern weiter geschnittenen »Bildungsbereichen« zugeordnet. Die Rahmenvereinbarung der Jugendministerkonferenz und Kultusministerkonferenz vom 14./15.5.2004 unterscheidet sechs Bildungsbereiche:

- Sprache, Schrift, Kommunikation
- Personale und soziale Entwicklung, Werteerziehung/religiöse Bildung
- Mathematik, Naturwissenschaft, (Informations-)Technik
- Musische Bildung/Umgang mit Medien
- Körper, Bewegung, Gesundheit
- Natur und kulturelle Umwelten

Neben den in der Rahmenvereinbarung definierten Lernprinzipien und Bildungsbereichen orientiert sich das hier beschriebene Konzept der guten gesunden Kita an dem im Bildungsbericht 2014 zugrundegelegten Bildungsverständnis mit den drei Zieldimensionen »individuelle Regulationsfähigkeit, gesellschaftliche Teilhabe und Chancengleichheit sowie Humanressourcen«[10]:

»Individuelle Regulationsfähigkeit beinhaltet die Fähigkeit des Individuums, sein Verhalten und sein Verhältnis zur Umwelt, die eigene Biografie und das Leben in der Gemeinschaft selbstständig zu planen und zu gestalten. Der Beitrag des Bildungswesens zu den Humanressourcen richtet sich sowohl auf die Sicherstellung und Weiterentwicklung des quantitativen und qualitativen Arbeitskräftevolumens als auch auf die Vermittlung von Kompetenzen, die den Menschen eine ihren Neigungen und Fähigkeiten entsprechende Erwerbsarbeit ermöglichen. Indem die Bildungseinrichtungen gesellschaftliche Teilhabe und Chancengleichheit fördern, wirken sie systematischer Benachteiligung aufgrund der sozialen Herkunft, des Geschlechts, der nationalen oder ethnischen Zugehörigkeit entgegen.«

10 Autorengruppe Bildungsberichterstattung 2014, S. 1

Neben dem Lernen in einer Lebenslaufperspektive geht es auch um die Anerkennung der frühen Jahre als eine Zeit für die Grundlegung zentraler Lerndispositionen und für die Entwicklung eines positiven Selbstbildes als Lernende und Lernender. Im Sinne eines lebenslangen Lernens und der oben erwähnten Humanressourcen wird ein Verständnis von Bildung zugrunde gelegt, das nicht nur die Kinder, sondern alle Beteiligten auf dem Lernweg sieht. Damit geht es auch um die Teilnahme an Fort- und Weiterbildung und damit verbundenen Aufstiegsoptionen im System frühkindlicher Bildung, Erziehung und Betreuung für die dort tätigen Erwachsenen. Und es geht auch um die Eltern: Wenn Bildungsqualität eng mit Beziehungsqualität verwoben ist, müssen die Eltern-Kind-Beziehungen gleichermaßen Berücksichtigung finden wie die Zusammenarbeit mit Eltern. Letzteres sollte gemäß dem gesetzlichen Auftrag die Beteiligung der Eltern umfassen und Information, Beratung und Austausch nicht nur mit Blick auf Bildung, sondern auch auf Prävention und Gesundheitsförderung beinhalten.

1.3 Angebotscharakter

Tageseinrichtungen für Kinder sind mit ihrer bundesgesetzlichen Verortung im SGB VIII zentraler Bestandteil der Leistungen der Kinder- und Jugendhilfe in Deutschland. Sie sind soziale Einrichtungen mit Betreuungscharakter und pädagogische Einrichtungen mit dem Förderungsauftrag der Erziehung und Bildung des Kindes[11]. Kindertageseinrichtungen gehören inzwischen zur »sozialen Infrastruktur«[12] des Landes und gelten als »unverzichtbares Element der Lebenslagen von Kindern und ihren Familien.«[13]

Für Kinder ab dem vollendeten dritten Lebensjahr besteht seit 1996 ein Rechtsanspruch auf einen Platz in einer Tageseinrichtung, seit August 2013 wurde der Anspruch für Kinder, die das erste Lebensjahr vollendet haben, erweitert; eine Besuchspflicht besteht nicht. Durch den quantitativen Ausbau der Betreuungsinfrastruktur ist die Betreuungsquote der unter Dreijährigen in Deutschland im Jahr 2014 bereits auf über 30 Prozent gestiegen, wobei deutliche regionale Unterschiede zu verzeichnen sind[14]. Die Besuchsquoten bzw. die Bildungsbeteiligung der drei- bis unter sechsjährigen Kinder liegen auf einem konstant hohen Niveau, sodass praktisch nahezu alle Vier- und Fünfjährigen eine Tageseinrichtung besuchen. Die außerfamiliäre Erziehung und Bildung hat sich demnach als ein fester Bestandteil in der Bildungsbiografie eines Kindes etabliert und die Kita ist zu einer bedeutsamen Sozialisationsinstanz avanciert.

- Die Eltern »haben das Recht, zwischen Einrichtungen und Diensten verschiedener Träger zu wählen und Wünsche hinsichtlich der Gestaltung der Hilfe zu äußern«.[15] Sie schließen mit dem Träger der Einrichtung ihrer Wahl einen Aufnahmevertrag. Die Angebotsschwerpunkte der Tageseinrichtungen für Kinder wandeln sich ständig entsprechend den gesellschaftlichen Erfordernissen und Entwicklungen:
- Es erfolgt ein massiver Ausbau des Platzangebots für Kinder unter drei Jahren entsprechend den Vorgaben des Bundes.

11 § 22 SGB VIII; Bundesministerium für Arbeit und Soziales 2013
12 Honig, Joos & Schreiber 2004, S. 12
13 ebd.
14 Die Betreuungsquote für NRW beträgt 19,9 Prozent (Statistische Ämter des Bundes und der Länder 2014)
15 § 5 Abs. 1 SGB VIII

- In vielen Ländern werden ein oder mehrere Kindergartenjahre beitragsfrei gestellt.
- Tageseinrichtungen für Kinder werden zu »Familienzentren« weiterentwickelt, in denen die bestehenden Angebote der Familienunterstützung zusammengeführt werden.
- Die außerunterrichtlichen Angebote für Kinder im Grundschulalter werden zunehmend nicht mehr in den Tageseinrichtungen für Kinder (»Horte«/»Hortgruppen«) bereitgestellt, sondern als offenes oder geschlossenes Angebot an den Schulen.
- Die intensive Zusammenarbeit zwischen Tageseinrichtungen für Kinder und Grundschulen und die gemeinsame Gestaltung des Übergangs werden teilweise bindend gesetzlich verankert (zum Beispiel § 14 KiBiz 2014 und § 5 Abs. 1 Schulgesetz NRW 2014).

1.4. Trägervielfalt

»Die Jugendhilfe ist gekennzeichnet durch die Vielfalt von Trägern unterschiedlicher Wertorientierungen und die Vielfalt von Inhalten, Methoden und Arbeitsformen.«[16] Träger sind öffentliche Träger (Städte, Gemeinden, Landkreise) und »freie Träger der Jugendhilfe« (religiöse/kirchliche Träger, Wohlfahrtsverbände, Vereine). Sobald sich anerkannte freie Träger engagieren, »soll die öffentliche Jugendhilfe von eigenen Maßnahmen absehen«[17]. Dieses Prinzip hat zur Folge, dass ca. zwei Drittel aller Tageseinrichtungen für Kinder von freien Trägern betrieben werden, in manchen Bundesländern, wie zum Beispiel in Nordrhein-Westfalen, sogar drei Viertel aller Einrichtungen[18]. Jeder Träger benötigt für den Betrieb einer Einrichtung eine Betriebserlaubnis durch den »überörtlichen Träger der Jugendhilfe«. Die entsprechende Prüfung erstreckt sich auf die personellen und räumlichen Gegebenheiten, aber auch auf die pädagogische Konzeption der Einrichtung. Die Spitzenverbände der freien bzw. der öffentlichen Träger stimmen sich fortlaufend untereinander innerhalb ihrer Strukturen bzw. Gremien ab.

1.5. Konzeptionsvielfalt

Zwar gibt es mit dem »Gemeinsamen Rahmen der Länder für frühe Bildung in Kindertageseinrichtungen« der Jugend- und Kultusministerkonferenz[19] eine grundsätzliche Verständigung der Länder über die Umsetzung und Ausgestaltung des Bildungsauftrags von Kindertageseinrichtungen. Die für die Kinder- und Jugendhilfe typische Vielfalt von Wertorientierungen, Inhalten, Methoden und Arbeitsformen (s. o.) lässt jedoch keine landesweit verpflichtenden Vorgaben zur inhaltlichen Ausgestaltung z. B. der Bildungs- und Erziehungsarbeit in Tageseinrichtungen für Kinder zu, d. h., dass die konzeptionelle Umsetzung der Rahmenpläne und die konkrete Bildungsarbeit den Trägern und Fachkräften der Tageseinrichtungen obliegt. Die konzeptionelle Ausrichtung des Angebots gehört also zu den zentralen Aufgaben und Rechten jedes Einrichtungsträgers. Die Akzeptanz jedes Papiers mit Aussagen zur Bildungs- und Erziehungsarbeit (und auch deren Qualität bzw. Evaluation) hängt also davon ab, inwieweit es mit der Grund-

16 § 3 Abs. 1 SGB VIII
17 »Subsidiaritätsprinzip«, vgl. dazu §75 SGB VIII
18 Information und Technik Nordrhein-Westfalen – Geschäftsbereich Statistik (IT-NRW) 2009, S. 17
19 Beschluss der Jugendministerkonferenz vom 13./14.05.2004/Beschluss der Kultusministerkonferenz vom 23.11.2015 (www.kmk.org/fileadmin/veroeffentlichungen_beschluesse/2004/2004_06_03-Fruehe-Bildung-Kindertageseinrichtungen.pdf) 03./04.06.2004, Datum der Ansicht 20.11.2015

ausrichtung und/oder dem Leitbild des Trägers sowie der daraus entwickelten pädagogischen Konzeption der Einrichtung bzw. des Trägers kompatibel ist – wobei das Ergebnis dieser Prüfung unterschiedlich ausfallen kann. Dies gilt nicht zuletzt im Bereich des Qualitätsmanagements: Bestimmte Konzepte stehen der Grundauffassung bestimmter Träger(gruppen) nahe und werden dort verwendet bzw. adaptiert oder integriert, während sie mit der Ausrichtung bzw. Tradition anderer Träger(gruppen) nicht kompatibel sind und dort nicht eingeführt werden.

1.6. Personale Dienstleistungsorganisation

Kindertageseinrichtungen stellen gegenwärtig das größte sozialpädagogische Handlungs- und Arbeitsfeld dar. Sie sind zu einem sozialstaatlichen Dienstleistungsangebot und zu einem wichtigen Element der sozialen und regionalen Infrastruktur Deutschlands sowie zu einem zentralen Bestandteil kindlicher Lebensverläufe geworden.[20] Als Dienstleistungsunternehmen unterliegen Kindertageseinrichtungen und ihre Träger politischen Steuerungsvorgaben und bewegen sich innerhalb eines aktiven Marktgeschehens. Aus dem wertgebundenen Auftrag sozialer und pädagogischer Arbeit leitet sich jedoch die Notwendigkeit einer spezifischen Form des Managements ab. Sie unterscheidet sich vom Management in wirtschaftsorientierten Organisationen durch die Hervorhebung der Bedeutung von Organisationsstrukturen für die in ihnen arbeitenden Menschen.[21] Zentral sind deshalb die Entwicklung und Bereitstellung von Methoden, die ein gemeinsames, zielorientiertes Handeln aller Mitarbeiter unter bestmöglicher Nutzung der innerhalb der Organisation vorhandenen Potentiale ermöglichen, wobei der Erhalt und die Förderung individueller Gesundheit und Leistungsfähigkeit sowie individuelle Persönlichkeitsmerkmale und Wertvorstellungen berücksichtigt werden sollen. Auf der Ebene der Organisation werden verbesserte Delegations-, Kommunikations- und Kooperationsstrukturen, Transparenz und regelmäßige (Selbst-)Evaluationen angestrebt.

Als öffentlich verantwortete familienergänzende Angebote haben Kindertageseinrichtungen in Bezug auf ihre Klientel mehrere Funktionen zu erfüllen. Sie sollen erstens eine Infrastruktur zur Verfügung stellen, die Familien die Balance zwischen beruflichen und familiären Leistungen erleichtert; sie tragen zweitens durch die Gestaltung der pädagogischen Umwelt und der pädagogischen Interaktionen unmittelbar zur Bildungsförderung von Kindern bei, wobei sie sowohl kompensatorisch als auch primärpräventiv wirksam werden sollen; und sie können drittens Eltern bei ihren Erziehungsaufgaben durch Beratung, Austausch und Übermittlung an Experten und Fachdienste konkrete Unterstützung anbieten. Diese Funktionen stehen in einem Spannungsverhältnis zueinander, das nicht immer auflösbar ist. Nach M. Joos setzt die Stärkung des Bildungsauftrags von Kindertageseinrichtungen dessen Dienstleistungsfunktion voraus, während dies umgekehrt nicht gilt.[22] Als Verbindungselement bzw. Regulativ zwischen beiden Elementen wird die Qualität bzw. Qualitätsentwicklung verstanden.

---

20 Joos 2002, S. 9
21 Müller-Schöll & Priepke 1989
22 Joos 2002

1.7 Qualitätsverständnis

Qualität in der eigenen Arbeit einzulösen und hierfür Qualitätskriterien zu formulieren und verbindlich zu vereinbaren sind Anforderungen, denen sich alle Institutionen mit einem gesellschaftlichen und gesetzlich verankerten Bildungs- und Erziehungsauftrag stellen müssen. Dabei wird der Qualitätsbegriff in der kindheitspädagogischen Fachdiskussion nicht neutral, sondern in einer bewertenden Konnotation benutzt. Je nach Blickwinkel können hierfür die Gesamtorganisation, die gesamte pädagogische Arbeit oder speziell die Bildungsaufgaben der Einrichtungen fokussiert werden. Die gute gesunde Kita integriert alle diese Sichtweisen und berücksichtigt in besonderer Weise die Zielgrößen der Gesundheit, Prävention und Gesundheitsförderung von Kindern als auch von pädagogischen Fachkräften und Eltern.

Qualität ist keine objektive, unveränderliche Größe, sondern relativ und abhängig von der Sichtweise und den Interessen der Beteiligten; außerdem unterliegen Ansichten darüber, was Qualität im pädagogischen Feld ausmacht, einem historischen Wandel. Ihre Definition muss somit kontinuierlich überprüft und gemäß der sich verändernden Bedingungen in einem dialogischen und partizipativen Prozess reformuliert werden. Die im Referenzrahmen verankerten vierzig Qualitätsfelder verstehen sich hierfür als Orientierungen und bündeln den aktuellen wissenschaftlichen Erkenntnisstand und Erfahrungen im Sinne »bester Fachpraxis« zu einem Kompendium praxisrelevanter Qualitätsansprüche.

2 Gesundheit in Tageseinrichtungen für Kinder

2.1 Theoretischer Rahmen

2.1.1 Gesundheitsverständnis

Für die Zusammenführung von Bildungsqualität und Gesundheitsförderung wird ein mehr-perspektivisches und integrierendes Verständnis von Gesundheit zugrunde gelegt. Im Mittelpunkt steht eine salutogenetische Sichtweise und damit die Frage nach der Entstehung und Förderung von Gesundheit im Alltag von Kindertageseinrichtungen. Kindertageseinrichtungen werden dabei als Setting im Sinne einer Lebens- und Arbeitswelt von pädagogischen Fach- und Leitungskräften, Kindern und Eltern betrachtet, denn »Gesundheit wird von Menschen in ihrer alltäglichen Umwelt geschaffen und gelebt: dort wo sie spielen, lernen, arbeiten und leben«.[23]

Gesundheit wird definiert als ein »Stadium des Gleichgewichts von Risikofaktoren und Schutzfaktoren, das eintritt, wenn einem Menschen eine Bewältigung sowohl der inneren (körperlichen und psychischen) als auch der äußeren (sozialen und materiellen) Anforderungen gelingt. Gesundheit ist ein Stadium, das einem Menschen Wohlbefinden und Lebensfreude vermittelt«.[24]

23 WHO 1986, S. 5
24 Hurrelmann & Richter 2013, S. 147

Zu den maßgeblichen Bedingungsfaktoren für Gesundheit und Krankheit gehören:

- Verhaltensfaktoren, womit körperliche Aktivität aber auch Essgewohnheiten und psychische Spannungsregulation gemeint sind,
- Verhältnisfaktoren, wozu neben dem sozioökonomischen Status auch »Bildungsangebote und wirtschaftliche Verhältnisse sowie Komponenten der Gesundheits- und Krankheitsversorgung« zählen,
- personale Faktoren, womit sowohl die genetische Disposition aber auch die körperlich-psychische Konstitution und die ethnische Zugehörigkeit zählen.[25]

Die drei Faktorengruppen bilden die Gesundheitschancen für Menschen ab und wirken nicht unabhängig voneinander, sondern bedingen sich gegenseitig. Mit Blick auf die in der Definition genannten äußeren Anforderungen greift das Konzept der guten gesunden Kita sowohl die Verhältnisfaktoren und damit gesellschaftliche Bedingungen als auch die steuernde Funktion der Organisation Kindertageseinrichtung bei der Schaffung von angemessenen Rahmenbedingungen auf. Daneben geht es um die inneren Anforderungen und somit um die Entwicklung von gesundheitsrelevanten Einstellungen und Verhaltensweisen aller Beteiligten. Die personalen Faktoren sind über die zugrundegelegte bildungs- und gesundheitswissenschaftliche Perspektive auf die gute gesunde Kindertageseinrichtung kaum zu beeinflussen.

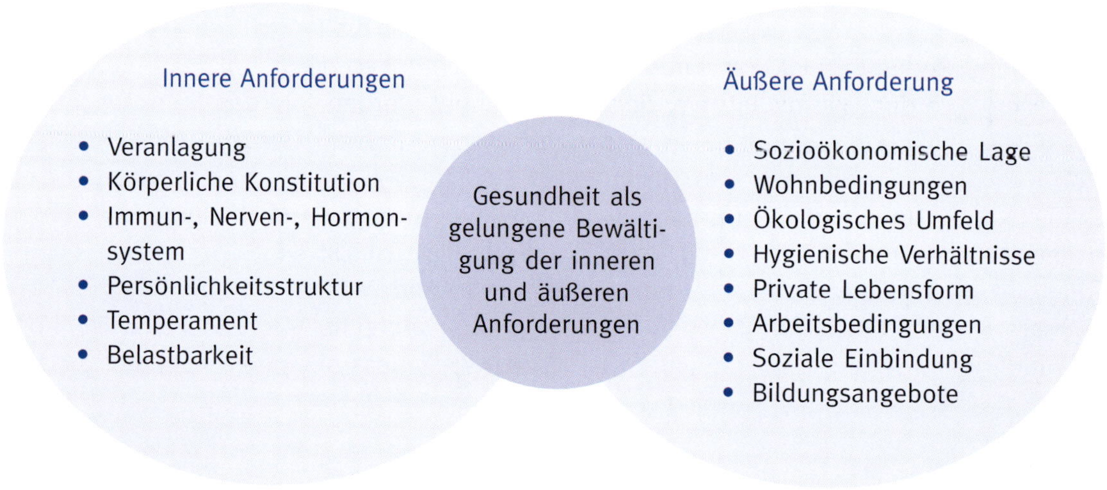

Abb. 1:
Gesundheit als gelungene Bewältigung von inneren und äußeren Anforderungen[26]

Gesundheit und Krankheit werden nicht als starre Strukturen bzw. Zustände verstanden, sondern aus salutogener Perspektive als ein Kontinuum, auf welchem sich die Beteiligten in Richtung Krankheit oder Gesundheit bewegen.[27] Als zentrale Bedingungsfaktoren für die Bewegung zum positiven Pol des Kontinuums gelten generalisierte Widerstandsressourcen und ein gut ausgebildetes Kohärenzgefühl. Das Kohärenzgefühl setzt

25 ebd.
26 in Anlehnung an Hurrelmann & Richter 2013, S. 143
27 Antonovsky 1997

sich aus drei Komponenten zusammen: einem Gefühl der Verstehbarkeit der eigenen Person und der Umwelt (comprehensibility), einem Gefühl der Handhabbarkeit und Bewältigbarkeit (manageability) und einem Gefühl der Bedeutsamkeit und Sinnhaftigkeit (meaningfulness). Mithilfe dieser Ressourcen wird ein konstruktives Umgehen mit den allgegenwärtigen Stressoren möglich. Gesundheit ist nach dieser Vorstellung kein passiver Gleichgewichtszustand, sondern ein labiles, aktives und sich dynamisch regulierendes Geschehen.[28]

Ebenso, wie als Ziel von Bildung Mündigkeit bzw. Selbstbestimmung formuliert wird (vgl. Kap. 1), begreift das vorliegende Konzept auch Gesundheitsförderung als einen »Prozess, allen Menschen ein höheres Maß an Selbstbestimmung über ihre Gesundheit zu ermöglichen und sie damit zur Stärkung ihrer Gesundheit zu befähigen«.[29] Mit dem Begriff der »Förderung« sind hier nicht nur schützende oder sichernde Faktoren, sondern auch anregende und unterstützende Impulse gemeint. Gesundheitsförderung ist ein komplexer sozialer und gesundheitspolitischer Ansatz, der ausdrücklich sowohl die Verbesserung von gesundheitsrelevanten Lebensweisen als auch die Verbesserung von gesundheitsrelevanten Lebensbedingungen umfasst. Gesundheitsförderung will nicht nur individuelle Lebens- und Handlungsfähigkeiten beeinflussen und Menschen zur Verbesserung ihrer Gesundheit befähigen. Sie zielt darüber hinaus auf ökonomische, soziale, ökologische und kulturelle Faktoren und auf politische Intervention zur Beeinflussung dieser gesundheitsrelevanten Faktoren«.[30]

Als ergänzende Strategie zur Gesundheitsförderung, die auch für den Arbeitsschutz von besonderer Bedeutung ist, kann in Kindertageseinrichtungen die (Krankheits-)Prävention eingesetzt werden, womit Interventionen bezeichnet werden, die das Auftreten einer Krankheit durch vorbeugende Maßnahmen verhindern.[31] Präventive Maßnahmen können sich an pädagogische Fachkräfte richten (z. B. über Bewegungsangebote), sie sind aber insbesondere für die Zielgruppe der Kinder von Bedeutung, da in Kindertageseinrichtungen zum einen ein Großteil der unter Sechsjährigen erreicht wird. Zum anderen wird eine Altersgruppe angesprochen, die im Vergleich zu anderen Altersgruppen noch wenig von Krankheiten betroffen ist und bei der Gesundheitspotentiale gut zu aktivieren sind. Gesundheitsförderung und Prävention ist gemeinsam, dass sie einen »Gesundheitsgewinn« erzielen wollen.[32]

Sowohl präventive als auch gesundheitsfördernde Strategien sprechen in der guten gesunden Kita mehrere der von der WHO (1986) definierten zentralen Handlungsfelder an, und zwar:
- Schaffung gesunder Lebenswelten
- Förderung gesundheitsbezogener Gemeinschaftsaktivitäten
- Entwicklung persönlicher Gesundheits- und Lebenskompetenzen

Für die im Setting Kita beteiligten pädagogischen Fachkräfte und Eltern liegt ein gesundheitsförderndes Ziel im Auf- und Ausbau der Gesundheitskompetenz, die als Resultat

28 Franke 2010
29 WHO 1986, S. 1
30 Hurrelmann & Richter 2013, S. 149
31 Rosenbrock & Kümpers 2006
32 Hurrelmann & Richter 2013, S. 151

von Bildungs- und Kommunikationsmaßnahmen in der Prävention und Gesundheitsförderung gesehen wird.[33] Das Konzept setzt zwar zunächst auf der Verhaltensebene und am Individuum an, zielt dann aber darauf ab, die gesellschaftliche und politische Umwelt so zu beeinflussen, dass gesundheitsbewusstes Verhalten möglich ist. Mit Blick auf ein Bildungsverständnis, das Bildung als einen lebenslangen Prozess beschreibt (vgl. Kap. 1.1), haben Aus- und Weiterbildung der pädagogischen Fachkräfte hier eine bedeutende Funktion im Sinne eines wichtigen Katalysators zum Aufbau der Gesundheitskompetenz. Diese entsteht in sozialen Zusammenhängen, womit neben dem sozialen Umfeld auch der Arbeitsplatz gemeint ist.

Für die Eltern bedeutet das zum einen, im Setting Kita Zugang zu Gesundheitsinformationen zu bekommen, zum anderen, Rahmenbedingungen für ein gesundheitsbewusstes Verhalten zu erleben und mitzugestalten.

2.1.2 Zum Verhältnis von Belastung und Beanspruchung

Gesundheit und Krankheit werden in dem zugrundegelegten Verständnis als ein Kontinuum verstanden, auf welchem sich die Beteiligten in Abhängigkeit der Anforderungen bzw. Risiken und den jeweiligen Widerstandsressourcen entweder in Richtung Krankheit oder Gesundheit bewegen. Diese Zusammenhänge sollen im Folgenden aus systemischer Betrachtungsweise durch das Anforderungs-Ressourcen-Modell (SAR-Modell) eine theoretische Rahmung erhalten.

Das Modell beschreibt die Zusammenhänge zwischen der Arbeitssituation und den -anforderungen, die an eine Person gestellt werden, und der Wirkung dieser auf die Beschäftigten.[34] Der Begriff der Belastungen wird im Modell gemäß der DIN EN ISO 6385, der ergonomischen Grundnorm für die Gestaltung von Arbeitssystemen, wertneutral definiert als »(...) die Gesamtheit der äußeren Bedingungen und Anforderungen im Arbeitssystem, die auf den physiologischen und/oder psychologischen Zustand einer Person einwirken« (o. S.).[35] Diese bewirken eine Beanspruchung, definiert als eine »(...) innere Reaktion des Arbeitenden auf die Arbeitsbelastung, der er ausgesetzt ist und die von seinen individuellen Merkmalen (z. B. Größe, Alter, Fähigkeiten, Begabungen, Fertigkeiten usw.) abhängig ist«.[36] Die Beanspruchung als Folge einer Belastung kann sowohl positive als auch negative kurzfristige Beanspruchungsfolgen nach sich ziehen: also anregend und motivierend wirken, aber auch negativ – wie etwa ermüdende und verschleißende Effekte. Langfristig werden nach dem Modell das Wohlbefinden, die Arbeitsfähigkeit sowie der Gesundheitszustand positiv beeinflusst oder aber eine Störung des inneren Gleichgewichts, Leistungsminderung, Gesundheitsbeschwerden und Erkrankungen hervorgerufen. Die Auswirkung der Belastungen ist in dem Modell abhängig von den persönlichen Ressourcen einer Person, wie etwa Fähigkeiten und Fertigkeiten, mit den Belastungen besser umgehen zu können.[37] Im SAR-Modell werden Gesundheit und Krankheit also als Resultate von Anpassungs- und Regulationsprozessen

33 Kickbusch, Wait & Maag 2005
34 Becker 2006
35 DIN EN ISO 6385, 2004
36 ebd.
37 Nachreiner 2001

zwischen einem Individuum und seiner Umwelt verstanden. In folgender Abbildung ist dieses dargestellt:

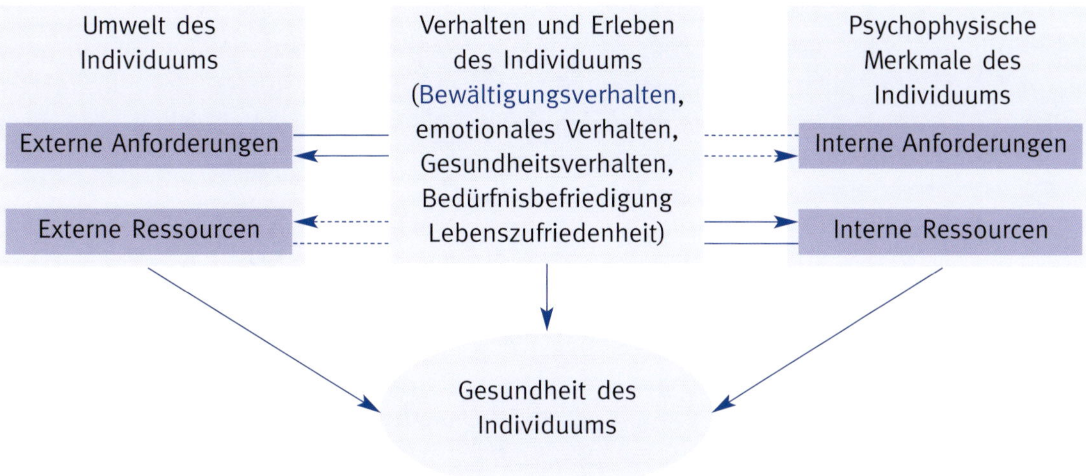

Abb. 2:
Bedingungsmodell für Gesundheit des Individuums[38]

2.2 Belastungen und gesundheitliche Beanspruchungen von Kindern, pädagogischen Fachkräften und Eltern

Kinder in Kindertageseinrichtungen

Die gesundheitliche Lage und die gesundheitliche Versorgung von Kindern und Jugendlichen in Deutschland ist nach den Ergebnissen des Kinder- und Jugendgesundheitssurveys (KiGGS) insgesamt (sehr) gut.[39] Es zeigt sich allerdings, dass die Chancen auf ein gesundes Leben nicht gleich verteilt sind. Bei ca. 20 Prozent der Kinder und Jugendlichen finden sich erhöhte Gesundheitsrisiken, die häufig auf dem Lebensstil und den Lebensumständen der Familien beruhen. Neben Kindern aus Familien mit Migrationshintergrund und aus sozial benachteiligten Familien sind besonders die Kinder betroffen, die unter Mehrfachbelastungen stehen (z. B. niedriges Einkommen, Arbeitslosigkeit, hohe Kinderzahl, soziale Isolation, schwieriges Wohnumfeld). Gesundheitliche Ungleichheit ist bereits im Kindes- und Jugendalter stark ausgeprägt. Die daraus resultierenden Lebensbedingungen beeinflussen die körperliche, psychische und soziale Entwicklung der Kinder.

Zudem findet seit einigen Jahren eine Verschiebung von akuten zu chronischen Erkrankungen und hin zu psychischen Auffälligkeiten statt. Als mögliche Belastungen für die Gesundheit von Kindern in Kindertageseinrichtungen und Vorschulalter werden Entwicklungsauffälligkeiten in den Bereichen Sprache, Bewegung, Ernährung, Zahngesundheit und Verhalten genannt. Daneben hat die Resilienzforschung aber auch schützende Faktoren ermittelt, die sich stärkend auf die psychische und physische Gesundheit von

38 Blümel 2010
39 Robert Koch-Institut 2014

Kindern auswirken und ihnen eine gute Bewältigung von Belastungssituationen zum Beispiel durch sichere Bindungen und zuverlässige Beziehungen oder durch ein positives Selbstkonzept ermöglichen.

Die Handlungsfelder der Bundesregierung zur Förderung der Kindergesundheit lassen sich mit der guten gesunden Kita verknüpfen, so zum Beispiel in den übergeordneten Zielen der Förderung von Prävention und gesundheitlicher Chancengleichheit aber auch in der Minimierung gesundheitlicher Risiken.

Pädagogische Fach- und Leitungskräfte

Die berufliche Tätigkeit von pädagogischen Fach- und Leitungskräften hat sich in den letzten Jahren durch die gesellschaftlichen und politischen Herausforderungen an das Berufsfeld (z. B. Einführung der Bildungspläne, Rechtsanspruch auf einen Kita-Platz etc.) deutlich verändert. Neben den regulären Betreuungs- und Erziehungsaufgaben sind pädagogische Mitarbeiterinnen und Mitarbeiter mit vielfachen zusätzlichen Anforderungen konfrontiert, die zum einen aus der veränderten Marktsituation resultieren, wie z. B. einem erhöhten Wettbewerb, Zertifizierungen zur Qualitätssicherung oder der Notwendigkeit eines eigenständigen Managements, aber auch aus erhöhten pädagogischen Ansprüchen erwachsen und Fort- und Weiterbildungserfordernisse nach sich ziehen, wie z. B. zur Dokumentation der Entwicklung der betreuten Kinder, zur gezielten Sprachförderung oder zur naturwissenschaftlich-technischen Elementarbildung.

Bei der Umsetzung von Prävention und Gesundheitsförderung in Kindertageseinrichtungen spielen pädagogische Fach- und Leitungskräfte eine entscheidende Rolle, z. B. mit Blick auf ihren Vorbildcharakter. Gleichzeitig zählen sie zahlreichen Studien zufolge selbst zu einer gesundheitlich stark belasteten Berufsgruppe.[40] Nach Daten verschiedener Krankenkassen sind ihre Arbeitsunfähigkeitstage in den letzten Jahren kontinuierlich gestiegen.[41] Waren Erzieherinnen und Erzieher 2008 noch 13,9 Tage krankgeschrieben[42], so waren es 2012 bereits 17,2 Tage[43]. Allerdings zeigte sich im Jahr 2013 eine Trendumkehr mit sinkenden Berufsunfähigkeitstagen für Beschäftige in Sozial- und Erziehungsberufen im Vergleich zu anderen Berufsgruppen.[44]

Die Gründe für die hohen Ausfallzeiten sind vielschichtig: Zum einen gehört der Beruf der Erzieherin bzw. des Erziehers zu einem Tätigkeitsfeld, das sich durch höhere psychonervale und vielgestaltige sozial-kommunikative Anforderungen kennzeichnen lässt[45], und zum anderen zu den Berufsgruppen, die ein erhöhtes Risiko aufweisen, an psychischen Belastungen zu leiden[46]. Bei jeder/m Zehnten der pädagogischen Fach- und Leitungskräfte in Nordrhein-Westfalen wurde innerhalb eines Jahres ein psychovegetatives Erschöpfungssyndrom, also ein Burnout, ärztlich diagnostiziert.[47] Neben den

40 Berger u. a. 2001; Elsner, Petereit-Haack & Nienhaus 2009; Viernickel, Voss, Mauz & Schumann 2014
41 IKK-Bundesverband 2006; Techniker Krankenkasse 2010
42 Techniker Krankenkasse 2009
43 Techniker Krankenkasse 2013
44 vgl. Bundesanstalt für Arbeitsschutz und Arbeitsmedizin 2014
45 vgl. Thinschmidt, Gruhne & Hoesl 2008
46 Techniker Krankenkasse 2013
47 Viernickel, Voss, Mauz & Schumann 2014

psychischen sind auch physische Erkrankungen auffallend häufig vertreten. Dies sind insbesondere Muskel-Skelett-Erkrankungen, Erkrankungen der Atemwege und neurologische Erkrankungen sowie ein erhöhtes Infektionsrisiko. Die häufigsten Beschwerden von Fach- und Leitungskräften sind Kreuz- und Rückenschmerzen, Nacken- und Schulterschmerzen, Grübelei, innere Unruhe sowie leichte Ermüdbarkeit, Mattigkeit und ein übermäßiges Schlafbedürfnis.[48]

Die oben zitierte Studie zum Zusammenhang von strukturellen Rahmenbedingungen in Kindertageseinrichtungen und der Gesundheit von pädagogischen Fach- und Leitungskräften zeigt, dass es ein Wechselspiel zwischen strukturellen Rahmenbedingungen in Kitas und dem Gesundheitszustand der pädagogischen Fachkräfte gibt: Schlechte strukturelle Rahmenbedingungen wie zu wenig Zeit, räumliche, finanzielle und personelle Ausstattungsmängel, geringe Arbeitsplatzsicherheit, keine festen Pausenzeiten, fehlende Einrichtungsbesprechungen oder Supervisionsangebote erhöhen das Risiko für verschiedene gesundheitliche Beeinträchtigungen. Dazu gehören z. B. eine schlechteres subjektives Gesundheitserleben, häufigere chronische Erkrankungen und psychische Störungen sowie Beeinträchtigungen im Alltag. Fachkräfte mit schlechten strukturellen Rahmenbedingungen zeigen unter Kontrolle von persönlichen Faktoren wie bspw. Alter, privater Belastung bzw. Unterstützung, arbeitsbezogenen Verhaltens- und Erlebensmustern oder individuellem Gesundheitsverhalten ein 2,6-fach höheres Risiko, Leitungskräfte ein 2,5-fach höheres Risiko für eine eingeschränkte Arbeitsfähigkeit als ihre Kolleginnen und Kollegen mit guten strukturellen Rahmenbedingungen.[49]

Neben den Belastungsfaktoren können für den Beruf der Erzieherin bzw. des Erziehers aber auch zahlreiche Ressourcen identifiziert werden, wie z. B. ein hoher Handlungsspielraum, ein gutes Teamklima, viel Bewegung bei der Arbeit, hohe Unterstützung von Weiterbildung durch die Einrichtung und ein hohes Ausmaß an beruflicher Gratifikation wie Bezahlung, Arbeitsplatzsicherheit und Anerkennung. Weitere Schutzfaktoren liegen in der direkten Arbeit mit Kindern, Kommunikation und Unterstützung durch Kolleginnen und Kollegen oder Vorgesetzte bis hin zu organisationalen Ressourcen wie Partizipationsmöglichkeiten, zeitlichen und inhaltlichen Freiheitsgraden und einem hohen Grad an Verantwortung.[50] Als wichtige persönliche Ressourcen für lösungsorientiertes Handeln gelten berufliche Kompetenz und Selbstwirksamkeitsüberzeugung[51] sowie die Identifikation mit dem Beruf.[52]

Eltern/Familie

Die Eltern bzw. die Familie spielen als primäre Sozialisationsinstanz eine entscheidende Rolle, sowohl für Bildungsprozesse als auch für Prävention und Gesundheitsförderung insbesondere in der frühen Kindheit, aber auch im gesamten Kindes- und Jugendalter. Bildungsprozesse finden hier alltagsintegriert und mit einer spielerischen Orientierung statt und beeinflussen die Bildungsmotivation und -chancen der Kinder langfristig.[53]

48 ebd.
49 Viernickel, Voss, Mauz & Schumann 2014
50 Gruhne & Hoesl 2008
51 Weinert 1998; Khan 2000
52 van Dick & Wagner 2001
53 Autorengruppe Bildungsberichterstattung 2012, S. 48

Eltern dienen ihren Kindern nicht nur als Orientierungshilfen und eröffnen ihnen Entfaltungsmöglichkeiten, sondern treffen zudem bedeutsame Bildungsentscheidungen, zum Beispiel über den Zugang zu anderen frühkindlichen Bildungsangeboten, so dass von einem Wechselverhältnis zwischen der Bildungswelt Familie und Kindertageseinrichtungen ausgegangen werden kann.

Gesundheit im Mutterleib, Stillen, Impfungen und Inanspruchnahme ärztlicher Versorgung und Vorsorge sind ebenso gesundheitsrelevante Entwicklungsthemen der frühen Kindheit wie eine sichere Bindung, die Entwicklung von Selbsttätigkeit und Autonomie sowie die Fähigkeit einer flexiblen Bewältigung von Problemen und die Fähigkeit zur adäquaten Verhaltensregulation und zur emotionalen Selbstregulation. Diese Kompetenzen entwickeln sich in einer wechselseitig positiven und unterstützenden Beziehung mit engen Bezugspersonen, was in der Regel die Eltern (oder Pflegeeltern) sind. Die in den Beziehungen mit den Eltern erworbenen Bindungsstile sind für die weitere Entwicklung der Kinder von grundlegender Bedeutung.

Wie bereits dargestellt, hat die Familie eine bedeutsamen Einfluss auf die Entwicklung von Kindern[54], und neben dem Bildungsstand hängt auch der Gesundheitszustand deutlich von der familiären Herkunft ab. Außerdem können Wechselwirkungen zwischen der Gesundheit und den Bildungschancen der Kinder dahingehend aufgezeigt werden, dass kranke Kinder schlechter lernen und gebildetere Kinder gesundheitsbewusster leben.[55] Sowohl Bildung als auch Gesundheit stellen »einen Transmissionsmechanismus für die »Vererbung« des sozioökonomischen Status an die nachfolgende Generation dar« (ebd., S. 15).

2.3 Der Bildungsbereich Gesundheit

Auch der Aspekt der Gesundheit bzw. Gesundheitsvorsorge ist in dem gemeinsamen Rahmen der Länder für frühe Bildung in Tageseinrichtungen verankert (vgl. Kap. 1.2). Konkret heißt es dort zum Bildungsbereich Körper, Bewegung, Gesundheit:

»Das Kind lernt, Verantwortung für sein körperliches Wohlbefinden und seine Gesundheit zu übernehmen. Die Bewegung spielt dabei eine herausragende Rolle, darüber hinaus ist sie aber auch besonders wichtig für die kognitive, emotionale und soziale Entwicklung des Kindes. Gesundheitliche Bildung ist im Alltag von Kindertageseinrichtungen ein durchgängiges Prinzip, der Zusammenarbeit mit den Eltern und anderen Kooperationspartnern kommt dabei große Bedeutung zu.«[56]

Schon mit diesen knappen Sätzen wird deutlich, dass Gesundheit nicht etwas ist, was mit dem Kind »passiert«, sondern das Ergebnis eines aktiven Bildungsprozesses; dass enge Verbindungen zu anderen Bildungsbereichen bestehen und dass neben der Kindertageseinrichtung alle Lebens- und Bildungsorte des Kindes beteiligt sein müssen.

54 Robert Koch Institut 2006
55 Seyda 2009
56 Gemeinsamer Rahmen der Länder für die frühe Bildung in Kindertageseinrichtungen. Jugendministerkonferenz & Kultusministerkonferenz 2004, S. 5

Die Bildungspläne bzw. -programme für den Elementarbereich sollen den grundlegenden Bildungsauftrag von Kindertageseinrichtungen hervorheben und sind als Orientierungshilfe für Träger und Kindertageseinrichtungen zu verstehen, in der praktischen Umsetzung und Ausgestaltung lassen sie großen Spielraum zu. Die in den Bildungsplänen enthaltenen Bildungsbereiche verstehen sich als »Aufforderung an alle Kindertageseinrichtungen und das pädagogische Personal, die Bildungsmöglichkeiten des Kindes in diesen Bereichen zu beachten und zu fördern«.[57] Durch die Installierung eines eigenständigen Bildungsbereiches Gesundheit (häufig im Zusammenhang mit Körper und/oder Bewegung) in den Bildungsplänen aller 16 Bundesländer wird die Bedeutsamkeit des Themas für die Betreuungs-, Erziehungs- und Bildungsarbeit in Kindertageseinrichtungen zum Ausdruck gebracht – wobei es deutliche Unterschiede in Umfang und Einordnung dieses Bildungsbereiches gibt. Die Mehrzahl der Papiere identifiziert den Gesundheitsbegriff der WHO als Bezugspunkt, allen gemeinsam ist eine ressourcenorientierte Sichtweise, die weniger die Krankheitsrisiken der ersten Lebensjahre fokussiert, sondern die Bedingungen für gesundes und gesundheitsförderndes Aufwachsen in den Mittelpunkt rückt. Häufig wird jedoch der Schwerpunkt auf die körperlichen und weniger auf die psychischen und sozialen Gesundheitsressourcen gelegt. Außerdem werden gesundheitsrelevante Themen zum Teil nicht unter dem Oberbegriff ›Gesundheit‹ erfasst, wie z. B. Resilienz oder Partizipation.

In den Grundsätzen zur Bildungsförderung für Kinder von 0 bis 10 Jahren in Kindertageseinrichtungen und Schulen im Primarbereich in Nordrhein-Westfalen[58] wird eine übergreifende Perspektive eingenommen. Im Bildungsbereich Körper, Gesundheit und Ernährung wird formuliert, dass Gesundheit »weit über das Training des Zähneputzens und des Händewaschens hinaus« geht[59], sondern »eine ganzheitliche und präventive Gesundheitsbildung (umfasst), die die Stärkung der Selbstsicherheit, die Befähigung zur Lebenskompetenz und die Verantwortungsübernahme für sich und seinen Körper enthält«.[60]

Diese Überlegungen zu bildungsrelevanten Persönlichkeitsvariablen konvergieren mit dem erweiterten Gesundheitsbegriff und einer salutogenetischen Perspektive[61] (vgl. Kap. 2.1.1) und sollen im Folgenden in ihrem Wechselverhältnis dargestellt werden.

2.4 Stellenwert der Gesundheit sowie der Prävention und Gesundheitsförderung in Tageseinrichtungen für Kinder

Als Orte der Prävention und Gesundheitsförderung sind Kindertageseinrichtungen von besonderer Bedeutung, da dort eine große Anzahl von Kindern in frühem Alter erreicht werden kann, eine zeitliche Kontinuität gegeben ist und der Erhalt bzw. Ausbau vorhandener Schutzfaktoren fokussiert werden kann.

57 Jugendministerkonferenz & Kultusministerkonferenz 2004
58 Ministerium für Familie, Kinder, Jugend, Kultur und Sport des Landes Nordrhein-Westfalen & Ministerium für Schule und Weiterbildung des Landes Nordrhein-Westfalen 2011
59 ebd., S. 39
60 ebd., S. 39
61 Antonovsky 1997

Schutzfaktoren sind langfristig wirksame Gesundheitsressourcen. Eine kontinuierliche Förderung protektiver Ressourcen bei Kindern, Jugendlichen und Erwachsenen in ihren Nahräumen und Lebenskontexten (Familie, Gemeinde, Institutionen) sowie ein aktives Eintreten gegen gefährdende soziale und gesundheitliche Ungleichheiten (im Rahmen der Lebensverhältnisse und Gesamtpolitik) zählen zum Kern von Prävention und Gesundheitsförderung.[62] Der besondere Stellenwert von Prävention und Gesundheitsförderung in Kindertageseinrichtungen wird im 13. Kinder- und Jugendbericht der Bundesregierung[63], der den thematischen Schwerpunkt »Gesundheit von Kindern und Jugendlichen in Deutschland« hat, deutlich: Prävention und Gesundheitsförderung lassen sich danach in Kindertageseinrichtungen über zwei Zugangsweisen umsetzen:

- »Gesundheitsförderung in Tageseinrichtungen« profitiere von der Tatsache, dass hier fast alle Kinder und ihre Familien sehr frühzeitig erreicht werden können. Die Einrichtung werde »als niedrigschwelliger Zugangsweg und -ort für spezielle Zielgruppen genutzt, um gesundheitsförderliche Interventionen durchzuführen«[64].
- »Gesundheitsförderung durch Tageseinrichtungen (und durch ihre Weiterentwicklung)« versuche umfassender, »z. B. durch Stadtteilentwicklung und Vernetzung langfristig gesundheitsrelevante und gesundheitsabträgliche Lebensbedingungen zu modifizieren ... Erst durch eine solche Gesundheitsförderung können die Folgen möglicher sozialer Randständigkeit zumindest teilweise nachhaltig aufgefangen werden.«[65] Dieser Ansatz sei »auch insofern zielführender, weil ›Defizite‹ in gesundheitsrelevanten Kompetenzen nicht individuumszentriert, sondern eingebettet in sozial ungleiche Alltagsstrukturen und Lebensstile betrachtet werden«.[66]

Neben der Verankerung von Gesundheit, Prävention und Gesundheitsförderung in den Bildungsplänen der Länder wird diese Schwerpunktsetzung durch weitere aktuelle Entwicklungen unterstützt:

- Unter dem Stichwort »Frühe Hilfen« wird die Ergreifung von gesundheitsfördernden und präventiven Maßnahmen bereits in der Schwangerschaft und in den ersten Lebensjahren des Kindes durch frühpädagogische Fachkräfte und entsprechende Expertinnen und Experten gefördert.
- Der laufende bundesweite Ausbau der Betreuungsangebote für Kinder unter drei Jahren weitet den Aktionsradius der »Frühen Hilfen« erheblich aus, da Familien durch niedrigschwellige Angebote gerade in Kindertageseinrichtungen frühzeitig erreicht werden und die Eltern sehr junger Kinder entsprechend informiert, ggf. beraten und aktiv in gesundheitsfördernde Bildungsprozesse einbezogen werden können.
- Die flächendeckende Weiterentwicklung von Tageseinrichtungen für Kinder zu Familienzentren eröffnet die Möglichkeit, neben Erziehungs- und Bildungsfragen gezielt gesundheitsrelevante Themen und Informationen an die Eltern zu transportieren und eine optimale Vernetzung mit Kooperationspartnern aus dem Sozialraum zu gestalten.
- Alle Beteiligten im Setting Kita haben etwas davon, wenn Gesundheit aus ganzheitlicher Perspektive aufgegriffen und allen Lebensqualität, Leistungsfähigkeit und Wohlbefinden ermöglicht wird. Insbesondere aber diejenigen Eltern und Kinder, die in

62 Lyssenko, Rottmann & Bengel 2010
63 Bundesministerium für Familie, Senioren, Frauen und Jugend 2009
64 ebd., S. 195
65 ebd., S. 195
66 ebd., S. 195

sozial benachteiligten Lebensverhältnissen leben und vermehrt Gesundheitsrisiken ausgesetzt sind, profitieren von der Kita als einem Ort, in dem die Förderung von Prävention und gesundheitlicher Chancengleichheit aber auch die Minimierung gesundheitlicher Risiken als übergeordnete Ziele verankert sind.

2.5 Arbeitssicherheit und Gesundheitsschutz

Die Bestimmungen zur Arbeitssicherheit und zum Gesundheitsschutz der Beschäftigten in Kindertageseinrichtungen setzen sich aus verbindlichen Gesetzen und Verordnungen, dem Arbeitsschutzrecht, ebenfalls verbindlichen Unfallverhütungsvorschriften, nicht verbindlichen Regeln und Normen sowie Tarifverträgen zusammen. Das deutsche Arbeitsschutzrecht gilt branchenunabhängig für alle Beschäftigte und über die Unfallverhütungsvorschrift Grundsätze der Prävention im Grundsatz auch für die Kinder und Ehrenamtlichen in Kindertageseinrichtungen. Träger und Leitungskräfte tragen Verantwortung für die Einhaltung der Bestimmungen und die entsprechende Information und Aufklärung der Mitarbeiterinnen und Mitarbeiter. Der Arbeitsschutzgedanke umfasst nicht nur die Verhütung von Unfällen bei der Arbeit und arbeitsbedingten Gesundheitsgefahren, sondern ebenso die »menschengerechte Gestaltung der Arbeit«.[67] Hieraus leiten sich nicht nur auf physikalisch-technische Gegebenheiten zielende Präventionsaufgaben, sondern auch ein Auftrag zur medizinischen und psychologischen Gesundheitsvorsorge und -förderung ab.

Mit dem Abschluss des Tarifvertrags zur betrieblichen Gesundheitsförderung im Sozial- und Erziehungsdienst vom 27. Juli 2009 sind wichtige Vereinbarungen getroffen worden, die die geltenden Arbeitsschutzbestimmungen aufgreifen, ergänzen und die Perspektive der Prävention und Gesundheitsförderung im Alltag der Kindertageseinrichtungen betonen:

- Gefährdungsbeurteilungen gelten als wichtigstes Instrument im Arbeits- und Gesundheitsschutz. Im Tarifvertrag wurde dies aufgegriffen und ein individueller Anspruch auf die Durchführung einer jährlichen Gefährdungsbeurteilung formuliert, die sowohl physische als auch psychische Gefährdungen berücksichtigt.
- Zur Umsetzung der Maßnahmen ist eine betriebliche Kommission zu bilden, die paritätisch auf Vorschlag des Arbeitgebers und des Betriebs- bzw. Personalrats zusammengesetzt wird.
- Die Kommission kann die Einrichtung von betrieblichen Gesundheitszirkeln mit weit reichenden Vorschlagsrechten für gesundheitsfördernde Maßnahmen beschließen.

Bisher hat sich die Praxis der regelmäßigen Gefährdungsbeurteilung in Kindertageseinrichtungen jedoch noch nicht in einer Form etabliert, dass sie für Ziele der Prävention und Gesundheitsförderung in breitem Umfang nutzbar gemacht werden könnte. Träger und Leitungskräfte sind häufig nicht ausreichend informiert und geschult, um Gefährdungsbeurteilungen kompetent durchführen zu können. Außerdem stammt die Mehrzahl der verfügbaren Instrumente zur Gefährdungsbeurteilung aus den technischen und produzierenden Bereichen; selbst wenn diese an die besonderen Bedingungen und Gefährdungsbereiche in Kindertageseinrichtungen angepasst sind, werden sie der be-

67 Arbeitsschutzgesetz (ArbSchG) § 3

sonderen Bedeutung psychischer Faktoren in pädagogischen Berufen häufig nicht in dem erforderlichen Maße gerecht.

Die vorliegenden Erfahrungen mit dem Einsatz von Gesundheitszirkeln sind überwiegend positiv.[68] Sie werden jedoch noch nicht besonders häufig eingesetzt: in der für Nordrhein-Westfalen repräsentativen Studie von Viernickel, Voss, Mauz & Schumann (2014) gaben über 70 Prozent der befragten Leitungskräfte an, dass bei ihnen keine Gesundheitszirkel durchgeführt werden.[69]

2.6 Wechselbeziehung zwischen Gesundheit und Bildungsqualität in Kindertageseinrichtungen: Die gute gesunde Kita

Die gesundheitliche Lage von Kindern, Jugendlichen und Erwachsenen steht in Deutschland (wie in vielen anderen Ländern auch) in engem Zusammenhang mit der sozialen Lage[70], wobei diese meistens über Bildung, Berufseinkommen und Berufsstatus erfasst wird. Der hohe Stellenwert von Bildung für die Gesundheit ist inzwischen hinlänglich nachgewiesen und es ist unumstritten, dass der Bildungsstand einen großen Einfluss auf das Gesundheitswissen und -verhalten sowie auf gesundheitsbezogene Kompetenzen und Einstellungen von Kindern hat.[71] Soziale Benachteiligung im Kindesalter gilt als Risikofaktor für die psychosoziale und körperliche Entwicklung von Mädchen und Jungen. Gesunde Kinder haben wesentlich bessere Lernvoraussetzungen, sind konzentrierter und motivierter. Dadurch erzielen sie im Bildungssystem höhere Lernerfolge und können die Anforderungen des Systems besser bewältigen. Auf diese Weise steigt die Bildung und führt durch umfassendes Wissen und größere Kompetenzen zu umso größeren Lernerfolgen. Die bessere Bildungssituation hat wiederum gesteigertes Wohlbefinden, geringeres Risikoverhalten und damit auch eine bessere Gesundheit zur Folge.[72]

Bildung stellt demnach eine Ressource für die Gesundheit dar, die sich »in Wissen und Handlungskompetenzen (ausdrückt), die eine gesundheitsförderliche Lebensweise und den Umgang mit Belastungen und Gesundheitsproblemen unterstützen«.[73] Dazu bedarf es auch der Erfahrung, dass Bildung eine sinnstiftende Ressource für die Bewältigung der Anforderungen des Lebens sein kann.[74]

Gesundheit ist aber nicht nur das Ergebnis eines gelungenen Bildungsprozesses, Gesundheit und Wohlbefinden sind genauso als Voraussetzungen für Bildungs- und Lernprozesse und für geistige wie körperliche Leistungsfähigkeit zu verstehen. Die Bindungsforschung zeigt, dass Kinder, deren Bindungssystem z. B. durch Angst, aber auch durch körperliches Unbehagen, Schmerzen oder Hunger aktiviert wird, nicht mehr aufnahmefähig und -willig für die Informationen aus der Umwelt sind. Sie geben ihr Explorationsverhalten auf und beenden ihr Spielen, um Hilfe oder Trost durch ihre Bindungsperson

68 Khan 2012b
69 Viernickel, Voss, Mauz & Schumann 2014
70 vgl. Robert Koch Institut 2012, 2014
71 vgl. Lampert, Kroll, von der Lippe, Müters & Stolzenberg 2013
72 vgl. Bundeszentrale für gesundheitliche Aufklärung 2012
73 Lampert u. a. 2013
74 Blättner & Heckenhahn 2009

zu erhalten. Erst wenn ihr psychisches oder körperliches Wohlbefinden wieder hergestellt ist, wird die biologisch angelegte Neugiermotivation wieder handlungsleitend, und das Interesse an den Phänomenen der Umwelt erwacht aufs Neue. Befunde aus der Neurobiologie unterstreichen den Zusammenhang von Gesundheit, Wohlbefinden und Lernen: Das, was unter Aktivierung positiver Emotionen gelernt wird, wird zum Hippocampus weitergeleitet und von dort in das Langzeitgedächtnis überführt, wo es für kreative und assoziative Problemlösevorgänge verfügbar bleibt. Unter Angst oder Stress erworbene Wissensinhalte werden in einer anderen Gehirnregion, dem Mandelkern, verortet, dessen Funktion es wiederum hingegen ist, bei Abruf von assoziativ in ihm gespeichertem Material den Körper und den Geist auf Kampf und Flucht vorzubereiten.[75]

Die zentrale Rolle der Gesundheit für Bildung, Lernen und Arbeitsfähigkeit wird u. a. auch im »Haus der Arbeitsfähigkeit«[76] hervorgehoben. Die physische und psychische Gesundheit bilden in diesem arbeitswissenschaftlichen Modell die Basis für gute Arbeitsfähigkeit.

Prävention und Gesundheitsförderung decken sich auch in vielfältiger Hinsicht mit den Aufgaben und Zielen von Bildung und Erziehung im Kindesalter. Im Kinder- und Jugendhilfegesetz wird als ausdrückliches Ziel die Entwicklung des Kindes zu einer gemeinschaftsfähigen und eigenverantwortlichen Persönlichkeit genannt und in den bildungs- und gesundheitswissenschaftlichen Ausführungen des vorliegenden Konzeptes werden als zentrale Ziele sowohl in der Diskussion um Bildung als auch für die Gesundheitsförderung Mündigkeit bzw. Selbstbestimmung und die Entwicklung eines positiven Selbstkonzeptes formuliert. Die Ergebnisse der Bildungsforschung korrespondieren mit denen der Gesundheitsforschung und lassen sich mit dem Herzstück der Salutogenese, dem »Kohärenzgefühl«, trefflich umschreiben. Damit hat Antonovsky die Grundlage für Gesundheit und Wohlbefinden und zugleich ein zentrales Bildungsziel beschrieben: Das Kohärenzgefühl drückt aus, »... in welchem Ausmaß man ein durchdringendes, andauerndes und dennoch dynamisches Gefühl des Vertrauens hat, dass ...

1. die Stimuli, die sich im Verlauf des Lebens aus der inneren und äußeren Umgebung ergeben, strukturiert, voraussehbar und erklärbar sind;
2. einem die Ressourcen zur Verfügung stehen, um den Anforderungen, die diese Stimuli stellen, zu begegnen;
3. diese Anforderungen Herausforderungen sind, die Anstrengung und Engagement lohnen.«[77]

Die Entwicklung und Förderung eines positiven Selbstkonzeptes ist nicht nur ein zentrales Ziel einer frühkindlichen Gesundheitserziehung, sondern ebenso ein zentrales Bildungsziel. Die heutigen Antworten auf die Frage, was einen Menschen gesund erhält, führen zu zentralen Persönlichkeitsmerkmalen und damit zu zentralen Bildungszielen. Deshalb ist eine Schlüsselfrage bei der Qualitätsbestimmung und -weiterentwicklung einer Tageseinrichtung für Kinder, inwieweit sie einen gesunden und damit zugleich förderlichen Lebens- und Lernort für alle Beteiligten darstellt.

75 Spitzer 2002
76 Ilmarinen & Tempel 2010
77 Antonovsky 1997, S. 36

3 Das Konzept »Gute gesunde Kindertageseinrichtung« – Qualität und Gesundheit integriert entwickeln

Die gute gesunde Kita unterstützt Kinder durch die Schaffung einer gesunden Lebenswelt und die alltägliche qualitätsvolle Gestaltung der Betreuung, Bildung und Erziehung, dieses Kohärenzgefühl zu entwickeln. Die verbindenden Elemente zwischen Prävention, Gesundheitsförderung und einem vom Kind und seinen aktiven Beiträgen zur Wissens- und Weltaneignung ausgehenden Bildungsverständnis liegen in den übergeordneten Zielen der Selbstbestimmung, Mündigkeit und Eigenverantwortlichkeit aber auch in der Stärkung der personalen, sozialen und körperlichen Ressourcen aller Beteiligten. Untergeordnete Ziele liegen für die Kinder im Befähigen und Ermöglichen von Erfahrungen der Selbstwirksamkeit und des Sich-Erprobens, Lernens und der Entwicklung

eines positiven Selbstkonzeptes aber auch in der Förderung der drei Komponenten des Kohärenzgefühls (Verstehbarkeit, Handhabbarkeit, Bedeutsamkeit) im pädagogischen Alltag.

Die gute gesunde Kita unterstützt neben den Kindern auch die pädagogischen Fach- und Leitungskräfte bei der Unfallverhütung, der Vermeidung von Berufskrankheiten sowie im Abbau gesundheitlicher Risiken und im Aus- und Aufbau gesundheitsförderlicher Arbeitsbedingungen und Gesundheitsressourcen. Zudem geht es um Fort- und Weiterbildungen im Bereich der Gesundheitskompetenz aber auch der Qualitätsentwicklung als immanentem Bestandteil der Organisationsentwicklung.

Als ein wesentliches Merkmal moderner Frühpädagogik müssen auch die Eltern gestärkt und entlastet werden, indem sie über niedrigschwellige Angebote erreicht und für Bildungs- und Gesundheitsthemen sensibilisiert sowie für die Inanspruchnahme entsprechender Angebote motiviert werden.

Eine gute gesunde Kindertageseinrichtung begreift die Kita als Lebenswelt von Kindern, pädagogischen Fachkräften und Eltern und verfolgt das Ziel einer nachhaltigen Systemveränderung. Sie verbindet die Umsetzung des Bildungs-, Erziehungs- und Betreuungsauftrags von Kindertageseinrichtungen mit der Förderung der Gesundheit aller Beteiligten. Bildungsqualität und Gesundheitsförderung werden als sich wechselseitig bedingende Faktoren betrachtet: Gesundheit ist wesentlicher Bestandteil des alltäglichen Lebens und zugleich die Grundlage und das Ergebnis eines gelingenden Bildungsprozesses, Bildung ist sowohl eine Voraussetzung für Gesundheit als auch ein Ergebnis eines gesundheitsfördernden Lebens- und Lernortes.

In der Praxis der guten gesunden Kita geht es nicht um die Durchführung von Einzelmaßnahmen für unterschiedliche Beteiligungsgruppen, sondern um die Implementierung dieser sich gegenseitig bedingenden Faktoren als langfristiges Ziel in die Alltagsroutinen, Strukturen und Entwicklungsprozesse der Organisation. Jede Kita entwickelt dabei entsprechend der spezifischen Voraussetzungen eigene Ziele und Wege zur Umsetzung. Daneben geht es um die Entwicklung persönlicher Gesundheits- und Lebenskompetenzen der Beteiligten.

Ausgangspunkt ist eine salutogenetische Sichtweise und ein Verständnis von Bildung, das auf Bindung basiert. Neben der Förderung des Kohärenzgefühls der Kinder geht es gleichermaßen um den Auf- und Ausbau der gesundheitlichen Ressourcen und der Gesundheitskompetenz von Mitarbeiterinnen und Mitarbeitern sowie um eine niedrigschwellige Sensibilisierung der Eltern für Bildungs- und Gesundheitsthemen aber auch um die Motivation der Eltern für die Inanspruchnahme entsprechender Angebote. Die pädagogischen Fachkräfte entwickeln ein gemeinsam getragenes Werteprofil, das, in das Einrichtungsleitbild integriert, die Qualität von Bildungsarbeit, Prävention und Gesundheitsförderung trägt. Die Kita-Leitungen übernehmen als Akteure an der Schnittstelle von Trägervorgaben und Arbeitsalltag in den Einrichtungen Verantwortung für das Management und die organisatorischen Abläufe, ebenso aber auch für die Profilbildung und konzeptionelle Weiterentwicklung ihrer Einrichtung. Die Träger sehen sich in der Verantwortung, die Organisationsentwicklung der Kita mit zu tragen und auf ideeller, personeller und finanzieller Ebene zu unterstützen. Die Eltern sind an dem Prozess der Organisationsentwicklung aktiv und gestaltend beteiligt.

3.1 Qualitätsverständnis der guten gesunden Kita

Gute gesunde Kindertageseinrichtungen sind solche, die eine hohe pädagogische Qualität aufweisen und zugleich ein gesundheitsförderndes Setting darstellen. Dabei reicht es nicht aus, in den beiden Bereichen Merkmale guter oder bester Qualität und der Gestaltung fachlicher Praxis parallel zu identifizieren und an ihrer Umsetzung zu arbeiten. Es geht vielmehr darum, die Stärken beider Herangehensweisen wechselseitig fruchtbar zu machen und beide Perspektiven zu integrieren.

3.1.1 Pädagogische Qualität

Pädagogische Qualität meint, dass Kindertageseinrichtungen Aktivitäten, Maßnahmen und Regelungen vorhalten, die es ihnen ermöglichen, das körperliche, emotionale, soziale und intellektuelle Wohlbefinden und die Entwicklung der Kinder in diesen Bereichen zu fördern und die Familien in ihrer Betreuungs- und Erziehungsaufgabe zu unterstützen.[78] Diese Sichtweise stellt einerseits eine gewisse Verengung des Blickwinkels dar, indem andere, durchaus auch berechtigte Sichtweisen, wie sie auf multifunktionale Gebilde von verschiedenen gesellschaftlichen Interessengruppen immer wieder entwickelt werden, ausgeblendet werden, wie z. B. eine arbeitsmarktorientierte Perspektive, die Kindertageseinrichtungen vor allem als möglichst flexible Betreuungsarrangements zur Ermöglichung mütterlicher Erwerbstätigkeit begreift. Andererseits ist hiermit eine klare Positionierung verbunden, die davon ausgeht, dass dem Wohlbefinden und den Entwicklungschancen von Kindern eine Priorität in dem vielfältigen gesellschaftlichen Kräftespiel zukommt. Die Bestimmung pädagogischer Qualität muss deshalb in erster Linie die Arbeit mit der Kindergruppe und dem einzelnen Kind fokussieren und damit die konkreten Handlungs- und Interaktionsvollzüge im pädagogischen Alltag, aber auch die räumlich-materielle Gestaltung der pädagogischen Umwelt in einer Form, die frühe Bildungsprozesse anregt und befördert.

Daraus abgeleitet lassen sich einige übergeordnete Wertvorstellungen und Zielsetzungen ausmachen. In jeder Bestimmung von pädagogischer Qualität sollten Kriterien zu folgenden Aspekten enthalten sein[79]:

- die Sicherheit der Kinder – gewährleistet durch eine Aufsicht durch Erwachsene und eine sichere Ausstattung
- die Gesundheit der Kinder – gewährleistet u. a. durch regelmäßige Erfahrungen von Verstehbarkeit, Bewältigbarkeit und Sinnhaftigkeit im Sinne eines salutogenetischen Gesundheitsverständnisses, vielfältige Bewegungsangebote, grundlegende Hygienestandards, gesunde und wertvolle Ernährung sowie die Vermittlung eines positiven Konzeptes von Gesundheit
- normative Prinzipien der Gleichberechtigung und Gleichbehandlung der Kinder – verstanden als die Vorgabe, dass alle Kinder unabhängig von deren Geschlecht, Kultur, sozialer oder ethnischer Herkunft oder spezifischen Fähigkeiten gleichwertig geschätzt, gleichberechtigt behandelt und individuell gefördert werden
- Angemessenheit der Aktivitäten und Angebote – ein vorhersehbarer, von einer Balance zwischen Routine, Ritualen und Flexibilität gekennzeichneter Tagesablauf sowie entwicklungsangemessene, an den kindlichen Interessen orientierte Angebote und die Möglichkeit eigenaktiver und selbstbestimmter Erkundung herausfordernder, aber nicht überfordernder Phänomene und Situationen
- positive Interaktionen mit Erwachsenen – also die Erfahrung interessierter, feinfühliger, empathischer und emotional positiv gestimmter Erzieherinnen und Erzieher für die Kinder und ein Betreuungsumfeld, in dem Kinder lernen können, Erwachsenen zu trauen, von ihnen zu lernen und mit ihnen Spaß zu haben
- emotionales Wachstum – gefördert durch ein Betreuungsumfeld, das es den Kindern erlaubt, unabhängig, sicher und kompetent zu handeln

78 Tietze 1998, S. 20f.
79 Viernickel 2006, S. 11f.

- positive Beziehungen zu anderen Kindern – gefördert durch ein Betreuungsumfeld, das den Kontakt mit Gleichaltrigen ermöglicht und aktiv unterstützt.

Um eine solche Qualität zu erreichen und nachhaltig sicherzustellen, muss zum einen genauer gefasst werden, was unter den einzelnen Aspekten im konkreten pädagogischen Alltag zu verstehen ist. Orientierungshilfen hierfür bieten z. B. Qualitätskriterienkataloge.[80] Zum anderen sollten bei der Konzeptualisierung von pädagogischer Qualität strukturelle, prozessuale und kontextuelle Aspekte Berücksichtigung finden.

3.1.2 Ein dimensionales Qualitätsmodell

In der Fachdiskussion um die Qualität von Kindertageseinrichtungen hat sich ein Qualitätsbegriff etabliert, der von einem komplexen Zusammenspiel verschiedener Qualitätsdimensionen ausgeht.[81] Zur Strukturierung von Qualitätskriterien werden regelmäßig die Dimensionen der Struktur-, Prozess- und Ergebnisqualität herangezogen; in stärker ausdifferenzierten Modellen[82] werden auch die Dimensionen der Orientierungsqualität, Management- und Organisationsqualität, Entwicklungsqualität und Kontextqualität berücksichtigt. Die genannten Qualitätsdimensionen hängen miteinander zusammen und beeinflussen sich wechselseitig. Gut belegt sind Einflüsse der Strukturqualität auf die Qualität pädagogischer Prozesse sowie der Einfluss von Struktur- und Prozessqualität auf kindliche Entwicklung als zentralem Aspekt der Ergebnisqualität.

Strukturqualität

Der Begriff der Strukturqualität bezieht sich auf die rechtlichen, organisatorischen und sozialen Rahmenbedingungen der pädagogischen Arbeit mit den Kindern und umfasst die finanzielle, personelle und materielle Ausstattung einer Kindertageseinrichtung[83], die diese zu einem Lebens- und Erfahrungsraum werden lässt. Zu den Merkmalen der Strukturqualität gehören beispielsweise die Größe und Struktur der Einrichtung, die Lage der Kita, das sozialräumliche Umfeld, die räumlichen Bedingungen, aber auch die Qualifikation der pädagogischen Fachkräfte und deren Arbeitsbedingungen wie der Personalschlüssel, die Gruppengrößen, die Entlohnung, die Anzahl von Urlaubstagen und die eingeräumten Zeiten für mittelbare pädagogische Arbeit. Auch der Gesundheitsstatus von Kindern, Familien und dem Personal gehört zu den Merkmalen der Strukturqualität.

Ein großer Teil der Qualitätskriterien im Bereich der Strukturqualität bezieht sich auf feststehende Gegebenheiten oder Entscheidungen, die außerhalb einer Kindertageseinrichtung getroffen werden, sei es auf politischer Ebene oder vom Träger der Kindertageseinrichtung (z. B. der Personalschlüssel). Dennoch kann jede Kindertageseinrichtung die Strukturen ihrer Einrichtung in dem vorgegebenen Rahmen gestalten und somit Einfluss auf Kriterien der Strukturqualität nehmen. Die Strukturqualität steht in

80 u. a. Tietze & Viernickel 2007; Heller & Preissing 2009
81 Herrnberger & Schubert 2010, S. 53f.
82 Viernickel 2006
83 Viernickel & Schwarz 2009, S. 12

einem Zusammenhang mit der Orientierungsqualität (z. B. in Bezug auf die Raumgestaltung, und die Struktur des pädagogischen Alltags) sowie der Organisations- und Managementqualität (z. B. in Bezug auf die Gruppenstruktur oder die Dienstplangestaltung). Sie beeinflusst ihrerseits in hohem Maße die pädagogische Prozess- und Ergebnisqualität.[84]

Orientierungsqualität

Als Orientierungsqualität werden die der pädagogischen Arbeit zugrunde liegenden Werte, Überzeugungen und Haltungen bezeichnet. Dabei handelt es sich nicht nur um die individuellen Einstellungen der einzelnen pädagogischen Fachkräfte. Bedeutend für die Gestaltung der pädagogischen Arbeit in der Kindertageseinrichtung sind vor allem die kollektiven Orientierungen, die die Strukturen der Einrichtung, die tägliche pädagogische Arbeit mit den Kindern und ihren Familien sowie die Zusammenarbeit im Team bestimmen.[85] Zu den Merkmalen der Orientierungsqualität gehören etwa das Bild des Kindes jeder einzelnen Fachkraft, ihre Haltung gegenüber Diversität von Familienkulturen und der Vielfalt kindlicher Kompetenzen und Ausdrucksformen oder ihr grundsätzliches Verständnis von Gesundheit. Kollektive Orientierungen innerhalb einer Kindertageseinrichtung beziehen sich z. B. auf den Umgang mit den gestellten Anforderungen (Ablehnung, Umsetzungsdruck oder die Integration in das eigene pädagogische Verständnis), das Verständnis von Inklusion bzw. einer inklusiven Praxis oder die Zusammenarbeit im Team.[86] Auch handlungsleitende Dokumente wie Konzeptionsschriften oder das Trägerleitbild gelten als Merkmale der Orientierungsqualität und Grundlagen der pädagogischen Arbeit.

Die pädagogischen Orientierungen von Personen lassen sich nicht ohne weiteres verändern. Persönliche Haltungen und Werte sind mit biographischen Erlebnissen und Erfahrungen verknüpft. Im günstigen Fall können sie durch Aus- und Weiterbildungen, die professionell begleitete Reflexion der eigenen Arbeit oder ein professionelles (Werte-) Vorbild verändert werden. Auch kollektive Orientierungen innerhalb eines Teams entwickeln sich über einen längeren Zeitraum. Die kontinuierliche professionelle Weiterentwicklung kann etwa durch konstruktive Diskussionen, Teamfortbildungen, Supervision oder gezielte Teamentwicklung gefördert werden.

Die Orientierungsqualität einer Einrichtung steht im Zusammenhang mit anderen Qualitätsdimensionen. Sie wird von Aspekten der Strukturqualität beeinflusst (z. B. durch das Ausbildungsniveau der Fachkräfte oder die zur Verfügung stehende Zeit für Teamentwicklungsprozesse) und beeinflusst diese ihrerseits. Die Orientierungsqualität hat – moderiert durch Merkmale der Organisations- und Managementqualität – Auswirkungen auf die Gestaltung pädagogischer Prozesse und darüber auch auf die Ergebnisqualität.

84 Roßbach 2005
85 Nentwig-Gesemann u. a. 2011
86 ebd.

Prozessqualität

Die Merkmale der Prozessqualität beschreiben die »realisierte Pädagogik, wie sie ihren Adressaten, Kindern und Eltern, begegnet«.[87] Im Zusammenhang mit der guten gesunden Kita beschreibt die Prozessqualität alle bildungs- und gesundheitsbewussten sowie -fördernden Handlungen und Prozesse im Kindergartenalltag. Dazu gehören die Interaktionen zwischen pädagogischen Fachkräften und den Kindern ebenso wie die Auswahl und Gestaltung von Aktivitäten, pädagogischen Angeboten und Projekten, die Zusammenarbeit mit den Eltern, die Raumgestaltung oder die Kommunikation und Zusammenarbeit im Team.

Prozessqualität beschreibt, wie unter den gegebenen Rahmenbedingungen und angesichts der vorhandenen Orientierungen in konkreten Situationen die Gestaltung der Bildungs- und Lernprozesse tatsächlich vonstattengeht. Da pädagogische Prozesse in der Regel hochkomplex sind und ein stark situatives Agieren und Reagieren erfordern, ist Prozessqualität demnach auch abhängig von dem individuellen gesundheitlichen Status und Wohlbefinden, der Motivation und dem situativen Kontext. Hohe Prozessqualität geht mit einem hohen Anspruch an Professionalität im pädagogischen Handeln einher. Sie lässt sich insbesondere durch die rückblickende Reflexion der eigenen Handlungen verdeutlichen und verändern.

Die Prozessqualität wird von den Merkmalen der Strukturqualität und der Orientierungsqualität beeinflusst, welche wiederum durch Aspekte der Organisations- und Managementqualität moderiert werden.

Organisations- und Managementqualität

Zur Organisations- und Managementqualität in Kindertageseinrichtungen gehören neben der fachlichen Leitung die Bewirtschaftung, Betriebs- und Personalführung, die Qualitätssicherung und -entwicklung und die Weiterentwicklung der Organisation entlang strategischer Ziele, sowie die Gestaltung der Zusammenarbeit im Team und mit den Eltern, die Öffentlichkeitsarbeit sowie Kontakte und Kooperationen mit dem Träger, mit Behörden und weiteren Akteuren im Sozialraum.[88] Darüber hinaus bemisst sich die Organisations- und Managementqualität auch anhand verschiedener Aspekte des Organisations»klimas« einer Einrichtung, was u. a. die wahrgenommene Klarheit und Transparenz ihrer Ziele und die Verteilung von Verantwortung angeht, den Grad an Innovationsbereitschaft, die Möglichkeiten für professionelle Weiterentwicklung sowie die vom Team wahrgenommenen Einfluss- und Entscheidungsmöglichkeiten. Ein gutes Management und ein Organisationsklima, das auf den Prämissen der Kooperation und Partizipation beruht, gelten als Voraussetzung für die Arbeitsfähigkeit der einzelnen Mitarbeiterinnen und Mitarbeiter und des gesamten Teams und tragen dazu bei, dass pädagogische Fachkräfte ihrerseits eine bildungs- und gesundheitsförderliche Atmosphäre und Umgebung schaffen können.

87 Bundesministerium für Familie, Senioren, Frauen und Jugend 2006, S. 200
88 Viernickel 2006

Entwicklungsqualität

Mit dem Begriff Entwicklungsqualität gerät all das in den Blick, was eine kontinuierliche Weiterentwicklung wie auch eine Konsolidierung der pädagogischen Arbeit sowie der Kindertageseinrichtung als gesundheitsförderliches Setting ermöglicht. Dazu gehören der kritische Blick auf Veränderungen im Umfeld, die Anpassungen auf Seiten der Einrichtung erfordern, die selbstkritische Analyse und Reflexion von Zielen, Arbeitsabläufen, fachlichen Kompetenzen, Belastungen und Ressourcen innerhalb der Einrichtung bzw. des Teams und der bewusste und nachhaltige Einsatz vorhandener Ressourcen und Kompetenzen. Entwicklungsqualität zeigt sich auch in der Personalentwicklung, also darin, inwieweit die Mitarbeiter und Mitarbeiterinnen die Möglichkeit haben, sich weiterzuqualifizieren und diese in Anspruch nehmen. Ziel ist, das Geschehen in der Einrichtung und die Veränderungen selbst zu gestalten bzw. mitzubestimmen, also die eigene Arbeit von einer Meta-Ebene aus selbstkritisch zu reflektieren. Dabei kommen Instrumente und Methoden des Qualitätsmanagements und der betrieblichen Gesundheitsförderung zum Einsatz.

Ergebnisqualität

Die Ergebnisqualität umfasst die Wirkungen und Ergebnisse, die eine Kindertageseinrichtung unter Einsatz der verfügbaren Strukturen und realisierten Prozesse erzielt. Die Ziele der Betreuung, Bildung und Erziehung in Kindertageseinrichtungen liegen darin, die Entwicklung des Kindes zu einer eigenverantwortlichen und gemeinschaftsfähigen Persönlichkeit zu fördern, die Erziehung und Bildung in der Familie zu unterstützen und zu ergänzen sowie den Eltern dabei zu helfen, Kindererziehung und Erwerbstätigkeit besser miteinander verbinden zu können. Die Definition von Ergebnisqualität muss sich dementsprechend an diesen Vorgaben orientieren und den kindlichen Kompetenzerwerb und seine Bildungs- bzw. Entwicklungsergebnisse sowie die Zufriedenheit von Eltern mit dem Betreuungsangebot berücksichtigen. Im Kontext des Konzepts der guten, gesunden Kita sind jedoch darüber hinaus auch die Gesundheit und das Wohlbefinden der Kinder sowie die Gesundheitskompetenz der pädagogischen Fachkräfte zentrale Aspekte der Ergebnisqualität. Die benannten Dimensionen (Struktur-, Orientierungs-, Organisations- und Management-, Prozess-, Entwicklungs- und Ergebnisqualität) und acht sich daraus ableitende Qualitätsbereiche (die Einrichtung als Lebens- und Erfahrungsraum; Grundlagen der pädagogischen Arbeit; Gestaltung der Bildungs- und Lernprozesse; Kooperation, Partizipation; Team und Leitung; Professionalität und Personalentwicklung; Qualitätsmanagement; Wirkungen und Ergebnisse) bilden die vertikale Strukturierung des in Kap. 4 beschriebenen Referenzrahmens der guten gesunden Kita. Unter jedem Qualitätsbereich werden wiederum je fünf Qualitätsfelder benannt und durch (exemplarische) Qualitätskriterien operationalisiert.

Nachfolgend sollen jedoch zunächst zehn Grundsätze aufgeführt werden, die bei der Entwicklung zur guten gesunden Kita Berücksichtigung finden sollten. Sie greifen die theoretischen Ausführungen in den vorangegangenen Kapitel auf und sind als orientierende Aspekte zu verstehen, die sich quer zu allen Dimensionen, Qualitätsbereichen und -feldern verorten lassen und quasi die Hintergrundfolie bilden, auf der sich die Bearbeitung der ausgewählten Qualitätsfelder vollzieht.

3.2. Zehn Grundsätze der guten gesunden Kita

3.2.1 Die Kita als Setting

Die systematische Verbindung von Prävention, Gesundheitsförderung und Bildungsqualität lässt sich mit dem Settingansatz Erfolg versprechend umsetzen:[89]

»Ein Setting ist ein Sozialzusammenhang, der relativ dauerhaft und seinen Mitgliedern auch subjektiv bewusst ist. Dieser Zusammenhang drückt sich aus durch formale Organisation (z. B. Betrieb, Schule), regionale Situation (z. B. Kommune, Stadtteil, Quartier), gleiche Lebenslage (z. B. Rentner/Rentnerinnen), gemeinsame Werte bzw. Präferenzen (z. B. Religion, sexuelle Orientierung) bzw. durch eine Kombination dieser Merkmale. ... Gesundheitlich interessant sind Settings, von denen wichtige Impulse für bzw. Einflüsse auf die Wahrnehmung von Gesundheit, auf Gesundheitsbelastungen und/oder Gesundheitsressourcen sowie auf alle Formen der Bewältigung von Gesundheitsrisiken (Balance zwischen Belastungen und Ressourcen) ausgehen«.

Der Settingansatz fokussiert die Lebenswelt von Menschen und damit die Rahmenbedingungen, unter denen Menschen leben, lernen, arbeiten und konsumieren. Die Kindertageseinrichtung ist eine solche Lebenswelt; sie ist Lernort für Kinder, Arbeitsplatz für die pädagogischen Fachkräfte und ein wichtiges Unterstützungssystem für Familien und Bezugspersonen der Kinder. Außerdem sind Kindertageseinrichtungen eng in ein sozialräumliches Umfeld mit vielfältigen Kooperations- und Vernetzungsmöglichkeiten integriert, wozu z. B. der öffentliche Gesundheitsdienst, (Sport-)Vereine, Freizeit- und Kultureinrichtungen, andere Einrichtungen des Trägers (z. B. Seniorenheime) oder ehrenamtliche Personen gehören. Insofern ist die Kindertageseinrichtung ein hervorragender Ort für gesundheitsförderliche Interventionen. Ebenso ist es wichtig, diesen Lebensraum in baulicher, organisatorischer und sozialer Hinsicht so zu gestalten, dass er das Sicherheits- und Gesundheitsverhalten positiv beeinflusst und die Aneignung von Sicherheits- und Gesundheitskompetenzen unterstützt.

Demzufolge eignen sich Kindertageseinrichtungen als erste Ebene des Bildungssystems quasi als Schlüssel-Setting für Chancengleichheit durch Bildungs- und Gesundheitsförderung, da hier Kinder in einer Lebensphase angesprochen werden, in der Erlebens- und Verhaltensweisen entscheidend geprägt werden. Diese Aufgabe wird die Kita aber nur übernehmen können, wenn die pädagogischen Fachkräfte unter gesundheitsförderlichen Strukturen und Abläufen arbeiten.[90] Zudem können die »drei wesentlichen Bestimmungsmerkmale moderner Frühpädagogik«[91], wozu neben der direkten pädagogischen Arbeit der Fachkräfte mit den Kindern die Zusammenarbeit mit Eltern und Bezugspersonen sowie die Vernetzung mit anderen Institutionen gehört, umgesetzt werden. In Kindertageseinrichtungen kann es gelingen, Eltern niedrigschwellig zu erreichen und für Bildungs- und Gesundheitsthemen zu sensibilisieren sowie für die Inanspruchnahme entsprechender Angebote zu motivieren.

89 Rosenbrock & Hartung 2010, o. S. Der Settingansatz ist in den gemeinsamen Handlungsleitlinien der Spitzenverbände der Krankenkassen zur Umsetzung des SGB V § 20 Abs. 1 und 2 verankert und seit 2010 werden Settingträger auch durch die GKV gefördert (vgl. Conrad 2013).

90 GKV-Spitzenverband 2010

91 Fröhlich-Gildhoff 2013, S. 357

Für eine integrierte Qualitäts- und Gesundheitsentwicklung ist es von besonderer Bedeutung, die unterschiedlichen Bedürfnisse, Interessen, Belastungen und Ressourcen aller Gruppen des Settings Kindertageseinrichtung zu berücksichtigen und sie in Interventionen einfließen zu lassen. Mit gesundheitsförderlichen Interventionen sollen im Rahmen des Settinganſatzes drei zentrale Ziele erreicht werden[92]:

- die Kompetenzen und Ressourcen der im Setting lebenden Personen zu stärken (Kompetenzstärkung auf individueller Ebene)
- gesundheitsfördernde Rahmenbedingungen zu entwickeln (Ebene der Strukturbildung)
- möglichst viele Personen(gruppen) dieser Lebenswelt binden in diesem Prozess systematisch möglichst viele Personen(gruppen) in deren Lebenswelt ein (Partizipation)

3.2.2 Verhaltens- und Verhältnisorientierung

Die Gesundheit wird nicht nur durch die Lebens- und Arbeitsbedingungen, durch die Qualität der Lebensräume, in denen Menschen leben, arbeiten, lernen und spielen, beeinflusst und bestimmt. Einen vermutlich ebenso großen Einfluss hat auch das Verhalten des Menschen, seine Kompetenzen, Dispositionen und Einstellungen. Deshalb ist es wichtig, sowohl das Verhalten als auch die Verhältnisse in den Blick zu nehmen. Vor diesem Hintergrund findet Prävention und Gesundheitsförderung im Setting Kita auf zweierlei Wegen statt: Zum einen werden die Verhältnisfaktoren und damit gesellschaftliche Bedingungen, die steuernde Funktion der Organisation Kindertageseinrichtung bei der Schaffung von nachhaltigen Systemveränderungen sowie konkrete technische und organisatorische Gegebenheiten in den Einrichtungen angesprochen. Zum anderen geht es auch um Verhaltensänderungen bzw. um konkrete Handlungsfelder und partizipativ gestaltete Programme für bestimmte Zielgruppen im Setting Kita. Prävention und Gesundheitsförderung auf der Verhaltensebene legt den Fokus auf die Zielgruppe selbst und ihre individuellen Lebensweisen bzw. ihr Gesundheitsverhalten. Je nach den spezifischen Bedingungen der Kita können unterschiedliche Interventionsstrategien gewählt werden, wie z. B. Information, Aufklärung oder Beratung, aber auch die Veränderung gesundheitsbelastender Faktoren. Im Mittelpunkt steht hier das WHO-Handlungsfeld der Entwicklung persönlicher Gesundheits- und Lebenskompetenzen.[93]

3.2.3 Leitungshandeln

Die Leiterinnen und Leiter von Kindertageseinrichtungen sind die Führungskräfte in den Einrichtungen. Sie organisieren und koordinieren den Alltag, führen ihre Einrichtung in rationaler Weise zu vorgegebenen Zielen, vermitteln Visionen, wirken inspirierend und sind Vorbilder für alle Mitglieder der Kita-Gemeinschaft. Sie gestalten damit wesentlich die Bedingungen, Strukturen und Prozesse der Kindertageseinrichtungen und schaffen dadurch zu einem großen Teil die Voraussetzungen, die Betreuung, Erziehung und Bildung ermöglichen sollen.

92 Kilian u. a. 2008
93 WHO 1986

Leiterinnen und Leiter sind aber nicht nur der Schlüssel für Innovation und Qualität, sondern auch für die Gesundheit in ihren Einrichtungen. Sie nehmen durch ihr tägliches Handeln, durch ihr Management und durch ihr direktives Leitungshandeln direkt und indirekt Einfluss auf Motivation, Arbeitszufriedenheit, Belastungserleben und auf krankheitsbedingte Fehlzeiten ihrer Mitarbeiterinnen und Mitarbeiter. Sind die Teamprozesse von Offenheit und professionell geführten Auseinandersetzungen geprägt? Gelingt es, eine gemeinsam geteilte Leitorientierung zu entwickeln? Wird die Arbeit so strukturiert, organisiert und gewichtet, dass die Aufgaben unter den zur Verfügung stehenden Rahmenbedingungen bewältigt werden können?

Zudem ist es ihre Aufgabe, der gesundheitsförderlichen Organisationsentwicklung Orientierung und Richtung zu geben, indem entsprechende Visionen entwickelt werden und das Team dafür gewonnen wird sowie Erwartungen formuliert werden. Ein organisatorisch effektiv geführter Kindergarten mit klaren Erwartungen an die Mitarbeiterinnen und Mitarbeiter reduziert Unsicherheit, Missverständnisse, Auseinandersetzungen um Zuständigkeiten und damit generell den Stress am Arbeitsplatz. Gleichzeitig wird durch fachliche Vorgaben der Anspruch an die Fachkräfte kommuniziert, bestimmte Standards in der pädagogischen Arbeit anzustreben bzw. zu erreichen.

Demzufolge führen Prävention und Gesundheitsförderung in der Kindertageseinrichtung nur dann zu nachhaltigen Verbesserungen, wenn die Leitung ein dauerhaftes und glaubwürdiges Interesse an dem Thema Gesundheit hat und sich engagiert für die Realisierung einer guten gesunden Kita einsetzt. Es ist deshalb davon auszugehen, dass hinter einer guten Gesundheitsqualität einer Kindertageseinrichtung immer auch eine gesundheitsbewusste und gesundheitsförderlich handelnde Leitung steht.

Für eine erfolgreiche Initiierung sowie nachhaltige Implementierung einer integrierten Gesundheits- und Qualitätsentwicklung in einer Kindertageseinrichtung sind also die Leitungskompetenz und der Leitungsstil von besonderer Bedeutung.[94] Leitungskräfte beeinflussen die Einrichtungskultur in besonderer Weise:

Ein professioneller Umgangsstil, der sachlich, aber nicht kontrollierend ist und Stärken und Leistungen der Mitarbeiterinnen und Mitarbeiter anerkennt, bewirkt eine höhere Arbeitszufriedenheit, die wiederum nachweislich zu weniger restriktivem und kontrollierendem Umgang mit den Kindern führt. Das Fehlen von Feedback und Unterstützung durch die Leitung korreliert dagegen mit Unzufriedenheit am Arbeitsplatz. Schließlich hat die Leitungskraft eine nicht zu unterschätzende Vorbildwirkung. So mag ihre Mitgliedschaft in einer professionellen Organisation oder ihre Teilnahme an Qualifikationsmaßnahmen eine zunehmend professionelle Haltung der Mitarbeiterschaft nach sich ziehen, eine Aufgeschlossenheit gegenüber neuen Herausforderungen und lebenslanger persönlicher Weiterentwicklung.

Um diesen Ansprüchen gerecht werden zu können, brauchen insbesondere die Leitungskräfte zeitliche Ressourcen, Weiterqualifizierungsangebote und konkrete Unterstützung durch den Träger oder andere Fachdienste.[95] Jede Unterstützung der Leitungskraft einer Einrichtung kann zu einer gelingenden Gesundheits- und Qualitätsentwicklung beitragen.

---

94 Viernickel 2006
95 Strehmel 2015

3.2.4 Transparenz

Gute gesunde Kindertageseinrichtungen zeichnen sich durch Transparenz aus. Die wesentlichen Fragen »Was ist unser pädagogisches Profil, unser Wertekern?«, »Was kennzeichnet unsere pädagogische Arbeit?« und »Was möchten wir für die Kinder und Familien erreichen?« werden gemeinsam im Team und im Austausch mit den Eltern bearbeitet und die Ergebnisse nach innen und außen kommuniziert. Auch in der Qualitätsentwicklung ist Transparenz wichtig; sie beginnt mit der Bestandsaufnahme und setzt sich fort bei der Klärung und Verabredung von Zielen, Ressourcen und Wegen, der Umsetzung der beschlossenen Maßnahmen, Projekte oder Regelungen und der regelmäßigen Ergebnisüberprüfung. Beschlüsse, Prozesse und Ergebnisse sollten in sparsamer, aber dennoch aussagekräftiger Form dokumentiert werden, um allen Beteiligten Informationen zugänglich machen zu können und als Grundlage für Reflexion und Evaluation.

3.2.5 Partizipation

Partizipation bedeutet nicht nur Teilnahme, sondern auch Teilhabe, also Mitbestimmung bei allen wesentlichen Fragen der Lebensgestaltung. Dazu gehört die Definitionsmacht und somit die Möglichkeit, die Gesundheitsprobleme (mit-)bestimmen zu können, die von gesundheitsfördernden bzw. präventiven Maßnahmen angegangen werden sollen.[96]

Im Rahmen von Teilhabeangeboten können Kompetenzen und Einstellungen entwickelt werden, wie z. B. das Erkennen und Formulieren eigener Wünsche und Bedürfnisse, das Einbringen und Präsentieren eigener Vorschläge, aber auch die offene Auseinandersetzung mit anderen Meinungen und das Suchen nach Alternativen – die wichtige Ressourcen für ein selbstbestimmtes Leben darstellen und sich positiv auf das Zusammenleben in einem sozialen Umfeld auswirken.

Im Laufe der Beteiligungsprozesse kann ein Problembewusstsein erweitert und demokratisches Verhalten geübt werden. Wenn für die entsprechenden Altersgruppen angemessene Beteiligungsverfahren eingesetzt werden, ist Partizipation in allen Altersgruppen – also auch mit Kindern im Kita-Alter – möglich.[97] Die Partizipative Qualitätsentwicklung[98] legt einen besonderen Schwerpunkt auf die Teilhabe der Zielgruppen und Projektmitarbeiterinnen und -mitarbeiter, weil diese Akteure über lokales Wissen verfügen und wesentlich zum Erfolg von Intervention beitragen. Partizipation in Kindertageseinrichtungen gelingt am besten, wenn sie im pädagogischen Konzept der Kindertageseinrichtung verankert wird und in der Aufbau-, Aufgaben- und Ablauforganisation niedergelegt ist.

3.2.6 Resilienzförderung

Für die Beteiligungsgruppe der Kinder und Jugendlichen, aber auch der pädagogischen Fachkräfte, findet der Ansatz der Resilienzförderung und damit die Stärkung der psychischen Widerstandsfähigkeit gegenüber biologischen, psychologischen und psycho-

96 Wright 2010
97 Kooperationsverbund Gesundheitliche Chancengleichheit 2013
98 Wright 2010

sozialen Entwicklungsrisiken Berücksichtigung.[99] Resilienz ist keine angeborene Eigenschaft oder ein absolutes, stabil überdauerndes Persönlichkeitsmerkmal, sondern entwickelt sich vielmehr in der Auseinandersetzung mit der Umwelt und in Abhängigkeit von vorhandenen Belastungen und Ressourcen. In Anlehnung an die zugrunde gelegte Definition von Gesundheit wird Resilienz gefördert, wenn ein ausgewogenes Verhältnis von Schutz- und Risikofaktoren vorhanden ist. Sie lassen sich auf drei Ebenen festmachen: Erstens auf der individuellen Ebene, in der es um die Persönlichkeitsmerkmale der Kinder bzw. Fachkräfte geht, zweitens auf der Ebene der engeren sozialen Umwelt (Familie) und drittens auf der Ebene außerfamiliärer Stützsysteme, d. h. die Lebenswelt außerhalb der Familie, wozu die Kindertageseinrichtung gehört.

3.2.7 Empowerment

Empowerment bezeichnet Strategien und Maßnahmen, die das Maß an Selbstbestimmung und Autonomie im Leben eines Menschen erhöhen. Es hat sich nicht nur in der Gesundheitsförderung, sondern auch in der modernen Organisationsentwicklung als probates Konzept etabliert.[100] Empowerment meint dabei sowohl den Prozess der Selbstbemächtigung als auch die professionelle Unterstützung, um Ressourcen und Gestaltungsspielräume wahrnehmen, nutzen und ausbauen zu können.[101]

In Kindertageseinrichtungen geht es bei Empowerment vor allem um eine emanzipatorische Perspektive. Eine der wesentlichen Voraussetzungen dafür ist, dass pädagogische Fachkräfte selber daran glauben, dass »die anderen« zu eigenen Lösungsfindungen in der Lage sind. Dies bedeutet, dass sie eher Fragen stellen als fertige Antworten parat haben und damit die anderen – Kinder oder Eltern – überhaupt erst einmal definieren können, wofür sie eine Lösung brauchen. Das Ziel hierbei ist, andere Menschen dabei zu unterstützen, mehr Kontrolle über ihre Lebensbedingungen zu erreichen, eventuell »erlernte Hilflosigkeit« zu überwinden und ihnen zu mehr Handlungsfähigkeit zu verhelfen.[102]

3.2.8 Risiko- und Ressourcenorientierung

Prävention und Gesundheitsförderung in Kindertageseinrichtungen entwickeln ihre Maßnahmen aus salutogener und aus pathogener Perspektive. Da Gesundheit nicht ausschließlich als eine durch die Vermeidung von Risiken erreichbare Abwesenheit von Krankheit, sondern auch durch ein möglichst hohes Maß an psychischem, physischem und sozialem Wohlbefinden charakterisiert ist, sind für die gesundheitliche Entwicklung einer Kindertageseinrichtung und ihrer Akteure nicht nur die Risikofaktoren (pathogene Perspektive), sondern auch die Ressourcen und Stärken (salutogene Perspektive) von Bedeutung.

99 Richter-Kornweitz 2011
100 Brandes & Stark 2010
101 Kobelt-Neuhaus 2011
102 Richter-Kornweitz 2011

Als Risikofaktoren bezeichnet man in den Gesundheitswissenschaften sowie in der Sozial- und Präventivmedizin alle Vorläufer und Prädiktoren von Krankheiten und gesundheitlichen Beeinträchtigungen. Durch ihr Einwirken entsteht eine erhöhte Wahrscheinlichkeit, an der nachfolgenden Krankheit zu erkranken und/oder vorzeitig zu versterben bzw. zu verunfallen. Eine Unterscheidung wird getroffen zwischen Risikofaktoren, die als vorwiegend verhaltens-, lebensweisen- und persönlichkeitsgebunden angesehen werden, und solchen, die vorwiegend nicht verhaltensgebunden, d. h. technisch, organisatorisch, sozialstrukturell und ökologisch bedingt sind. Zu den letzteren gehören zum größten Teil auch die Gefahren im Sinne des Arbeitsschutzgesetzes.

Unter Ressourcen versteht man hingegen Faktoren der Beanspruchungsoptimierung, die es ermöglichen, Situationen positiv zu beeinflussen und Stress verursachende Auswirkungen zu verhindern.

In der Kita-spezifischen Gesundheitsarbeit sollte es somit zum einen um die Verhütung und Verringerung von Gefährdungen und Risiken sowie um die Vermeidung von Krankheiten und Unfällen gehen. Zum anderen geht es um die Förderung von Gesundheit, indem personale Ressourcen der Kinder und Jugendlichen, der pädagogischen Fachkräfte, des sonstigen Personals und der Eltern sowie protektive Faktoren der Organisation und der Umwelt einer Kindertageseinrichtung gestärkt werden.

3.2.9 Gesundheitsschutz und Gesundheitsförderung

Die rechtlichen Bestimmungen zur Gesundheit und Bildung in Kindertageseinrichtungen beziehen sich einerseits auf den Arbeitsschutz und die Gesundheitsförderung für das Personal und anderseits auf den gesetzlichen Auftrag zur Unfallverhütung und Krankheitsvermeidung sowie Bildungs- und Gesundheitsförderung für die Kinder. Ein zeitgemäßes Verständnis von Prävention und Gesundheitsförderung folgt allerdings keinem kategorialen Denken, sondern versteht sich als übergreifende Konzeption, die die Verhütung und Abschwächung von Risiken mit der Förderung von Ressourcen kombiniert.

Demzufolge werden Gesundheitsschutz und Gesundheitsförderung als einander ergänzende, nicht konkurrierende Herangehensweisen verstanden. Stehen beim Arbeitsschutz und bei der Unfallverhütung die Verhütung und Minimierung akuter Gefährdungen und Risiken, d. h. Faktoren, die direkt und vehement auf den Gesundheitszustand und die Sicherheit einwirken oder einwirken können, im Mittelpunkt, ist es bei der Gesundheitsförderung die Entwicklung von Schutzfaktoren und Stärken der Personen, die geeignet sind, die gesundheitsbelastenden Einwirkungen abzumildern und zu nivellieren.

3.2.10 Nachhaltigkeit

Ein übergeordnetes Ziel der guten gesunden Kita liegt in einer nachhaltigen Verbesserung der Entwicklungs- und Bildungschancen von Kindern. Nachhaltigkeit wird auf zweierlei Wegen in der Umsetzung des Konzeptes berücksichtigt: Zum einen sichern die im Rahmen der einrichtungsspezifischen Qualitätsentwicklung durchgeführten Evaluationen die Langzeiteffekte des Prozesses. Im Mittelpunkt steht hier die langfristige Wirkung von Interventionen bzw. die Tatsache, dass bestimmte Effekte erst zu einem späteren

Zeitpunkt evident werden können. Zum anderen verfolgt der Prozess der Qualitätsentwicklung am Lebens- und Arbeitsort Kita grundsätzlich zwei gesellschaftspolitische Ziele, und zwar die Reduzierung sozialer und gesundheitlicher Ungleichheiten sowie gesundheits- und bildungsfördernde Strukturen und Bedingungen der sozialen und natürlichen Umwelt.[103]

103 Hahn 2014

4 Referenzrahmen gute gesunde Kita

4.1 Acht Qualitätsbereiche und vierzig Qualitätsfelder

Im Folgenden wird ein Referenzrahmen für die Qualität von Kindertageseinrichtungen vorgestellt, der die oben beschriebene Verknüpfung von Bildung und Gesundheit auffächert und der Selbstevaluation zugänglich macht. Für den Schulbereich liegt ein solcher Referenzrahmen bereits vor. Brägger & Posse haben ihn in ihrem Handbuch Instrumente für die Qualitätsentwicklung und Evaluation in Schulen (IQES)[104] veröffentlicht. Im Rahmen der Umsetzung des Konzeptes »Gute gesunde Schule« wurde er in den vergangenen Jahren vielfach erfolgreich für die Interventionsplanung und Evaluation eingesetzt. Er ist aktuell grundlegender Bestandteil des Landesprogramms Bildung und

Gesundheit in Nordrhein-Westfalen und des Fachkonzeptes Mit Gesundheit gute Schulen entwickeln der Deutschen Gesetzlichen Unfallversicherung (DGUV). Auch für den Kita-Bereich gibt es bereits einen Referenzrahmen zur Qualitätsentwicklung in der guten gesunden Kita.[105] Er bildet die Grundlage für das Berliner Landesprogramm Kitas bewegen – für die gute gesunde Kita.[106]

Der hier vorliegende und nachfolgend beschriebene Referenzrahmen leitet sich vom Referenzrahmen »Gute gesunde Schule« ab. Die Adaption dieses Referenzrahmens für den Bereich der Tageseinrichtungen für Kinder bietet sich an, weil dadurch ein kohären-

104 Bräger & Posse 2007a
105 Bertelsmann Stiftung 2012
106 https://www.berlin.de/sen/bjw/service/presse/pressearchiv-2012/pressemitteilung.141154.php; download 10.06.2015

tes Qualitätsverständnis als Grundlage für eine integrierte Qualitäts- und Gesundheitsentwicklung im Elementar- und Schulbereich geschaffen wird. Bei aller notwendigen Beachtung der rechtlichen, organisatorischen und konzeptionellen Unterschiede zwischen Schulen und dem Elementarbereich wird so deutlich, dass sich beide bei ihrer qualitativen Weiterentwicklung mit weitgehend ähnlichen Fragestellungen und Themenfeldern auseinandersetzen – oder auseinandersetzen sollten. Dies wäre ein weiteres positives Signal in einer Zeit, in der die Kooperation zwischen Schule und Jugendhilfe ohnehin weit oben auf der fachpolitischen Agenda steht.

Der Referenzrahmen »Gute gesunde Schule« des IQES-Handbuches umfasst insgesamt acht Dimensionen und vierzig Qualitätsbereiche mit Schlüsselindikatoren, die auf den drei Grunddimensionen Ergebnis-, Prozess- und Gesundheitsqualität basieren. In den Qualitätsdimensionen und -bereichen werden einerseits sicherheits- und gesundheitsbezogene Ansätze wirksam. Andererseits haben sie selbst einen Einfluss auf die Entwicklung psycho-sozialer Schutzfaktoren und damit auch auf die Leistungsbereitschaft und -fähigkeit.

Die Qualitätsdimensionen Struktur-, Orientierungs-, Leitungs-/Management-, Prozess-, Entwicklungs- und Ergebnisqualität bilden sowohl im IQES-Referenzrahmen »Gute gesunde Schule«[107] als auch im vorliegenden Referenzrahmen »Gute gesunde Kita« ein wichtiges strukturierendes Element. Diese noch sehr allgemeinen Qualitätsdimensionen werden durch die Benennung von acht Qualitätsbereichen auf das Feld der Kindertageseinrichtungen bezogen und spezifiziert. Auf dieser Ebene ergeben sich im Zuge der inhaltlichen Ausfüllung naturgemäß in einigen Fällen andere Schwerpunktsetzungen als im, auf den schulischen Kontext abgestimmten, IQES-Tableau.

Die acht Qualitätsbereiche werden durch jeweils fünf thematische Felder weiter konkretisiert, so dass sich eine Matrix aus insgesamt vierzig Qualitätsfeldern ergibt. Die Qualitätsdimensionen und Qualitätsfelder wurden einerseits in enger inhaltlicher Anlehnung an das IQES-Tableau[108], anderseits unter Einbeziehung und Bewertung anderer Referenzrahmen festgelegt und benannt.

Jedes Qualitätsfeld wird nachfolgend kurz beschrieben und es werden mögliche Qualitätsmerkmale und Schlüsselindikatoren formuliert. Qualitätsmerkmale und Schlüsselindikatoren sind dabei nicht als abschließende Aufzählung, sondern vielmehr als orientierende Ankerpunkte zu verstehen, die im Verlauf der praktischen Arbeit mit dem Referenzrahmen und der fachlichen Auseinandersetzung im Team ausdifferenziert, ergänzt und angepasst werden können und sollen. Grundsätzlich gilt, dass aus der Vielzahl von Themen zunächst diejenigen herausgefiltert werden sollten, für die ein besonderer Handlungsbedarf besteht. Zum anderen sollten die Gegebenheiten jeder einzelnen Einrichtung als Ausgangspunkt der Qualitätsentwicklung genutzt werden.

Der Referenzrahmen greift die aktuellen Entwicklungen in der Diskussion um Qualitätsentwicklung in Kindertageseinrichtungen auf und führt bereits vorhandene Qualitätsaspekte zusammen. Er versteht sich als Orientierungshilfe für Träger und pädagogische

107 Brägger & Posse 2007, S. 31
108 ebd.

Fach- und Leitungskräfte auf dem Weg zur guten gesunden Kita. Er soll aufzeigen, was unter einer guten gesunden Kindertageseinrichtung zu verstehen ist. Er gibt somit im Einzelnen Orientierung für

- Planungs- und Gestaltungsprozesse
- interne und externe Evaluation
- Zielvereinbarungen zwischen Einrichtung und Träger
- die Festlegung von Zielen zwischen Leitung und pädagogischen Fachkräften
- die Konzeption von Fortbildungs- und Unterstützungsangeboten
- die Ausbildung von pädagogischen Fachkräften
- Maßnahmen der Bildungsverwaltung und Träger

Strukturqualität: Ressourcen und Bedingungen der Einrichtung	Orientierungs- und Prozessqualität: Bildung, Betreuung und Erziehung		Orientierungs-, Prozess-, Organisations- und Managementqualität: Zusammenarbeit im Team, Leitung, Erziehungspartnerschaft mit Eltern, Zusammenarbeit mit der Schule		Organisations- und Managementqualität/Entwicklungsqualität: Professionalität, Personalentwicklung, Evaluation, Qualitätsentwicklung und -Sicherung		Ergebnisqualitäten
Die Einrichtung als Lebens- und Erfahrungsraum	Grundlagen der pädagogischen Arbeit	Gestaltung der Bildungs- und Lernprozesse	Kooperation, Partizipation	Team und Leitung	Professionalität und Personalentwicklung	Qualitätsmanagement	Wirkungen und Ergebnisse der Einrichtung
Gesundheitsstatus von Kindern, Familien und Personal	Bildung und Gesundheit als konzeptioneller Rahmen, Kohärenz als gemeinsames Grundverständnis	Selbsttätiges und entdeckendes Lernen mit allen Sinnen ermöglichen	Transparente und demokratische Einrichtungskultur	Einrichtungsleitung	Zielgerichtete Personalentwicklung	Gemeinsame Qualitätsansprüche und -ziele	Umsetzung des Bildungs- und Erziehungsauftrags
Raumgestaltung und Materialangebot	Gestaltung und Reflexion des pädagogischen Alltags	Selbstwahrnehmung und Peerbeziehungen unterstützen	Bildungs- und Erziehungspartnerschaft mit den Familien der Kinder	Aufgaben- und Kompetenzverteilung/Organisation der Zusammenarbeit/Personaleinsatz	Weiterentwicklung fachlicher Kompetenzen, Gesundheitskompetenz der pädagogischen Fachkräfte	Steuerung der Qualitätsprozesse, Gesundheitszirkel	Schlüsselqualifikationen und Kompetenzen der Kinder
Zeitliche Rahmenbedingungen	Bindung und feinfühlige Interaktion als Grundlage pädagogischer Arbeit	Achtsame Kommunikation und Interaktion zwischen Erwachsenen und Kindern	Gestaltung von Übergängen und Kooperation mit der Grundschule	Zusammenarbeit im Team/Teamkultur	Interaktions-, Kommunikations-, Feedback- und Konfliktkultur	Selbstreflexion, Individualfeedback und persönliche Qualitätsentwicklung	Vorbereitung auf lebenslanges Lernen, Bewältigung von Übergängen
Arbeitsbedingungen, Arbeitsplatzqualität und Arbeitsschutz	Inklusion verwirklichen	Beobachtung und Dokumentation als Grundlage von Bildungsbegleitung und individueller Förderung	Öffnung in den Sozialraum	Zusammenarbeit mit dem Träger	Unterstützungs- und Weiterqualifizierungsbedarf, Vorschlagswesen, Beschwerdemanagement	Weiterentwicklung der Einrichtung, Selbstevaluation, Entwicklung und Umsetzung von Zielvereinbarungen	Zufriedenheit von Kindern, Eltern und anderen Institutionen
Gesundheitsförderndes Umfeld und Kooperation mit externen Partnern	Themen und Praxis der Prävention und Gesundheitsförderung	Ressourcen stärken und Partizipation fördern	Gesundheitsförderliches Einrichtungsklima	Prävention und Gesundheitsförderung als Führungsaufgabe	Betriebliche Gesundheitsförderung	Qualitätsmanagement der Prävention und Gesundheitsförderung	Gesundheit und Wohlbefinden der Kinder und des Personals

4.2 Qualitätskriterien und Qualitätsindikatoren für die vierzig Qualitätsfelder

1.1 Gesundheitsstatus von Kindern, Familien und Personal

Der Gesundheitsstatus von Kindern, Familien und den Mitarbeitenden ist eine wichtige Voraussetzung und Ausgangspunkt für die pädagogische Arbeit in der Kindertageseinrichtung. Die Leistungsfähigkeit eines Menschen ist in hohem Maß von dem eigenen Gesundheitsstatus und vom eigenen Wohlbefinden abhängig. Ohne dies werden (sozial-)pädagogische Fachkräfte keine gute Arbeit leisten können, werden Kinder nicht die bestmöglichen Fortschritte in ihrem Bildungsprozess machen. Deshalb ist für die gute gesunde Kita von großer Bedeutung, den Gesundheitsstatus aller zu kennen und zu berücksichtigen.

Mögliche Qualitätsmerkmale	Schlüsselindikatoren (Beispiele)
Die Fachkräfte tauschen sich regelmäßig mit den Eltern über den gesundheitlichen Status und das Wohlbefinden der Kinder aus.	• Im Aufnahmegespräch wird mit den Eltern ausgetauscht, was das Kind im Hinblick auf sein gesundheitliches Wohlergehen braucht. • Tür- und Angelgespräche werden genutzt, um alltägliche Beobachtungen zum Wohlbefinden des Kindes auszutauschen.
Der gesundheitliche Status und das Wohlbefinden der Kinder werden regelmäßig beobachtet und sind Ausgangspunkt für gesundheitsfördernde Angebote, Bildungsangebote und die Gestaltung des pädagogischen Alltags.	• Das Wohlbefinden der Kinder ist ein ständiger Auswertungsgesichtspunkt bei den regelmäßig durchgeführten Beobachtungen. • In den Bildungsdokumentationen sind Aussagen zum Wohlbefinden, zum Selbstwertgefühl und zur Ich-Stärke des jeweiligen Kindes enthalten. • Die pädagogischen Fachkräfte nutzen die Informationen zum Gesundheitsstatus zur Planung der pädagogischen Arbeit.
Die pädagogischen Fachkräfte beziehen Informationen über den gesundheitlichen Status der Familien sensibel in ihre Arbeit mit ein.	• Die Fachkräfte sorgen für eine geschützte Gesprächsatmosphäre, wenn Eltern über den Gesundheitsstatus in ihrer Familie erzählen möchten. • Die Fachkräfte besprechen mit den Eltern mögliche Auswirkungen für das Kind und suchen ggf. nach Entlastungen. • In der Kindertageseinrichtung gibt es leicht zugängliche Informationen über Unterstützungsangebote zur Gesundheitsförderung und Prävention für die Eltern.
Der gesundheitliche Status und das Wohlbefinden der pädagogischen Fachkräfte stellen einen Ausgangspunkt für Gesundheits- und Qualitätsentwicklung in der Einrichtung dar.	• Der Gesundheit und das Wohlbefinden der pädagogischen Fachkräfte werden regelmäßig erfasst. • Bei der Aufgabenverteilung und Dienstplangestaltung wird die Gesundheit der einzelnen Mitarbeiterinnen und Mitarbeiter berücksichtigt. • Qualitätsentwicklung in der Einrichtung zielt darauf, Ressourcen der Mitarbeiterinnen und Mitarbeiter zu stärken und Belastungen zu minimieren.

1.2 Raumgestaltung und Materialangebot

Zentral für die Strukturqualität der Kindertageseinrichtung in Hinblick auf Gesundheit und Bildung sind die zur Verfügung stehenden Räume. Während die Anzahl, Größe und Anordnung der Räume nur mit einem hohen finanziellen Aufwand verändert werden können, liegt die gesundheits- und bildungsfördernde Ausgestaltung der Räume in der Verantwortung der Kindertageseinrichtung und des Trägers. So können z. B. mit Farben, Beleuchtung und Schallschutz verschiedene Raumatmosphären geschaffen werden. Sicherheitsaspekte, Schadstoffarmut sowie Ergonomie spielen bei der Raumgestaltung eine wichtige Rolle. Bei der Ausgestaltung der Räume können die verschiedenen Bedürfnisse der Kinder nach Bewegung und Ruhe, Rückzug und Entdecken berücksichtigt werden. Entsprechendes gilt für die Materialien, die für die pädagogische Arbeit zur Verfügung stehen. Quantität und Qualität der Materialien spielen eine wichtige Rolle für die Gesundheit und Bildungsmöglichkeiten der Kinder. Eine nachvollziehbare und leicht zugängliche Aufbewahrung trägt zu Bildungsgelegenheiten bei und erleichtert die Arbeit der Fachkräfte. Ebenso ist es von zentraler Bedeutung für das Wohlbefinden und die Gesundheit der Mitarbeiterinnen und Mitarbeiter, dass ihre Arbeitsplätze so eingerichtet und ausgestattet sind, dass die anstehenden Aufgaben gut bewältigt werden können.

Mögliche Qualitätsmerkmale	Schlüsselindikatoren (Beispiele)
Das Gebäude der Einrichtung ist sicher gestaltet und eingerichtet.	• Das Gebäude ist barrierefrei gestaltet. • Wände sind weder spitzig noch rau und weisen auch keine scharfen Kanten auf. • Verglasungen (Tür- und Fensterverglasungen, Vitrinen, Aquarien, verglaste Bilder etc.) bestehen aus Sicherheitsglas oder vergleichbaren Materialien. • Umwehrungen dürfen nicht zum Aufsitzen, Rutschen und Klettern verleiten. • Treppen verfügen über ausreichend große und rutschhemmende Trittflächen sowie Handläufe.
Die Räume und das Außengelände der Einrichtung fördern Wohlbefinden und Gesundheit der Kinder.	• Anzahl, Größe und Ausstattung der Räume entsprechen den altersgemäßen Bedürfnissen der Kinder. Dasselbe gilt für die Größe und die Ausstattung des Außengeländes. • Die Räume sind schallgedämmt, damit sich die Kinder nicht gegenseitig bei ihren verschiedenen Tätigkeiten stören. • Die Räume vermitteln Geborgenheit. Großer Einfluss kommt dabei der Farbgestaltung zu.
Bei der Gestaltung der Räumlichkeiten und des Außengeländes wird besonderes Augenmerk auf vielfältige Bewegungsgelegenheiten sowie eine gesunde Essenskultur gerichtet.	• Die Fachkräfte und der Träger gestalten abwechslungsreiche Bewegungs- und Erfahrungsräume, die vielfältige Gelegenheiten zum Klettern, Schaukeln, Rutschen und Balancieren (z. B. Leitern, Kästen, Bäume, Schrägen, Schaukeln, Taue) ermöglichen. • Die Räume für die Mahlzeiten sind ruhig und einladend gestaltet. Die Küche ist für die Kinder zugänglich oder einsehbar. • Das Außengelände entspricht mit seinen vielfältigen Betätigungs- und Bewegungsmöglichkeiten den unterschiedlichen Bedürfnissen der Kinder in den verschiedenen Entwicklungsphasen.
Die Gestaltung der Räume und die Auswahl des Materials bieten den Kindern vielerlei Bildungsanregungen.	• Das Material ist in überschaubaren und nachvollziehbaren Strukturen angeordnet. • Die pädagogischen Fachkräfte geben mit Hilfe des Materials regelmäßig neue Impulse. • Die Materialien sind multifunktional und regen zum kreativen Gebrauch an.

Sicherheitsaspekte werden bei der Raumgestaltung und bei der Anschaffung von Materialien beachtet.	• Mobiliar, Spielgeräte und Ausstattungsgegenstände werden mit Blick auf Gefährdungs- und Unfallrisiken angeschafft und regelmäßig überprüft. • Die Empfehlungen der Unfallversicherungsträger werden umgesetzt.
Den Mitarbeiterinnen und Mitarbeitern stehen ausreichend große und angemessen gestaltete Räume zur Verfügung, um ihren Aufgaben gerecht werden zu können.	• Den pädagogischen Fachkräften stehen ein ansprechend gestalteter Pausenraum sowie Räume für Elterngespräche und Teambesprechungen zur Verfügung. • Für die Küche und den Haushaltsbereich stehen angemessen große und sinnvoll eingerichtete Räume zur Verfügung. • Es gibt ein Leitungsbüro mit einer angemessenen Arbeitsplatzausstattung.
Die Gestaltung der Räumlichkeiten berücksichtigt auch die Bedürfnisse der Eltern.	• Es sind ausreichend Stellplätze für Kinderwagen und Kinderfahrräder vorhanden. • Es gibt in der Einrichtung Aufenthaltsmöglichkeiten für Eltern (Sitzgelegenheiten, Elterncafé etc.). • Die Garderobe ist für Erwachsene und Kinder gut zugänglich und übersichtlich gestaltet.
Kinder, Mitarbeiterinnen und Mitarbeiter sowie Eltern werden in die Gestaltung der Räumlichkeiten und des Außengeländes einbezogen.	• Die pädagogischen Fachkräfte und die sonstigen Mitarbeiterinnen und Mitarbeiter sind an der Planung der Raumgestaltung beteiligt. • Kinder werden regelmäßig zu ihren Wünschen in Bezug auf Material und Raumgestaltung befragt. Für die Eltern gibt es die Möglichkeit, Wünsche und Anregungen einzubringen. • Die Nutzung der Räume und des Materials ist Bestandteil des systematischen Beobachtens.

1.3 Der zeitliche Rahmen

Die zeitlichen Bedingungen in einer Kindertageseinrichtung haben Auswirkungen auf die Qualität der pädagogischen Arbeit sowie auf das Wohlbefinden von Kindern, Familien und den pädagogischen Fachkräften. Festgelegte Zeiten und Routinen geben Orientierung und Sicherheit im Tagesablauf, können jedoch gleichzeitig die zeitlichen Freiräume von Kindern, Eltern und Fachkräften einschränken. Bildungsprozesse finden häufig ungeplant statt und erfordern eine hohe zeitliche Flexibilität. Vor allem für sehr junge Kinder sind ungeteilte Aufmerksamkeit und Geborgenheit, wie sie in 1-zu-1-Situationen möglich sind, Voraussetzung für das eigene psychische Wohlbefinden. Die Fachkraft-Kind-Relation sowie die den Fachkräften zur Verfügung stehende Vor- und Nachbereitungszeit spielen eine entscheidende Rolle für die Betreuungsrelation und damit die Zeit, die die Fachkräfte jedem einzelnen Kind und den weiteren Aufgaben widmen können.

Mögliche Qualitätsmerkmale	Schlüsselindikatoren (Beispiele)
Die Öffnungszeiten sind so gestaltet, dass die Bedürfnisse von Kindern, Eltern und pädagogischen Fachkräften berücksichtigt werden.	• Die Öffnungszeiten sind am Wohl der Kinder orientiert, berücksichtigen aber auch den Betreuungsbedarf der Eltern. • Die Organisation von Früh- und Spätdienst ist ebenfalls am Wohl der Kinder orientiert (z. B. wird in der Eingewöhnungszeit darauf geachtet, dass dem Kind vertraute pädagogische Fachkräfte ggf. auch beim Früh-/Spätdienst anwesend sind) und berücksichtigt auch die Interessen der Mitarbeiterinnen und Mitarbeiter.
Die zeitliche Strukturierung des Tages ist an den Bedürfnissen der Kinder ausgerichtet.	• Der Tagesablauf ist variabel und kommt den unterschiedlichen Tagesrhythmen der Kinder entgegen. Insbesondere werden die bei jedem Kind unterschiedlichen Schlaf-Wach-Rhythmen berücksichtigt. • Die Kinder haben immer wieder die Möglichkeit zu Ruhe- und Entspannungsphasen. • Bewegung ist Alltag in der Einrichtung; die Bewegungsmöglichkeiten sind nicht auf bestimmte Zeiten und »Angebote« beschränkt.
Den pädagogischen Fachkräften und der Leitung stehen ausreichend Zeiten für mittelbare pädagogische Arbeit bzw. Leitungsaufgaben zur Verfügung.	• Für die anstehende mittelbare pädagogische Arbeit sind für alle Fachkräfte Zeiten im Umfang von mindestens 15 Prozent der Arbeitszeit vertraglich vereinbart. • Für die Vor- und Nachbereitung der pädagogischen Arbeit sowie für Elterngespräche, Teamsitzungen und sonstige Aufgaben sind feste Zeiten im Dienstplan ausgewiesen. • Für die Leitung der Kindertageseinrichtung steht ein den Aufgaben angemessenes Zeitkontingent zur Verfügung. Dies setzt sich aus einem Sockelkontingent (unabhängig von der Größe der Einrichtung) und einem platzabhängigen zusätzlichen Kontingent zusammen.
Die Fachkraft-Kind-Relation gewährleistet, dass die Fachkräfte Zeit für die Kinder haben.	• Der Personalschlüssel ist so gestaltet, dass trotz Urlaub, krankheitsbedingter Abwesenheiten, Fortbildung und mittelbarer pädagogischer Aufgaben jederzeit genügend Fachkräfte für die Kinder zur Verfügung stehen. • Eine feste Vertretungsregelung sorgt für eine gleichbleibende Personalausstattung. • Die Aufnahme von Kindern mit besonderen Bedürfnissen wird durch eine angemessene zusätzliche Personalsausstattung ermöglicht.
Die zeitlichen Ressourcen der Eltern werden berücksichtigt.	• Die Veranstaltungen für Eltern sind so terminiert, dass sie von allen Eltern – auch den berufstätigen – wahrgenommen werden können. • Schließzeiten der Einrichtung werden den Eltern frühzeitig bekannt gegeben. • Die Bringe- und Abholzeiten sind flexibel.

1.4 Arbeitsbedingungen, Arbeitsplatzqualität und Arbeitsschutz

Die Zufriedenheit, das Wohlbefinden und die Gesundheit der pädagogischen Fachkräfte werden von den Arbeitsbedingungen und der Arbeitsplatzqualität entscheidend beeinflusst. Die Reduktion gesundheitlicher Belastungen gehört ebenso dazu wie eine angemessene personelle und materielle Ausstattung der Arbeitsplätze. Gesundheitsförderliche Arbeitsbedingungen sind die Grundlage für gesundheitsförderliches Verhalten und eine hohe Qualität der pädagogischen Arbeit. Die Berücksichtigung von Arbeitsschutzvorschriften und Richtlinien minimiert Gesundheits- bzw. Unfallrisiken von Kindern, Personal und Eltern.

Mögliche Qualitätsmerkmale	Schlüsselindikatoren (Beispiele)
Personalschlüssel und Personaleinsatz sind so bemessen, dass sowohl Gesundheit und Wohlbefinden des Personals als auch die angestrebte pädagogische Qualität ermöglicht werden.	• Der Personalschlüssel sichert, dass über die gesamte Öffnungszeit der Einrichtung eine gleich bleibende hohe Qualität der pädagogischen Arbeit gegeben ist. • Die Dienstplangestaltung vereinbart die Belange der Arbeitnehmerinnen und Arbeitnehmer mit dem erzieherischen Auftrag sowie den Bedürfnissen und Interessen der Kinder und Familien.
Die Arbeitszeitregelungen sind verlässlich, überschaubar und stressmindernd.	• Es gibt ein Arbeitszeitkonzept (»Arbeitszeitkonten«). • Der Dienstplan gibt den Fachkräften Verlässlichkeit und Planungssicherheit. • Pausen werden fest eingeplant und können stets in Anspruch genommen werden.
Die Arbeitszeiten sind auch an den Bedürfnissen der Mitarbeiterinnen und Mitarbeiter ausgerichtet und ermöglichen eine Verbindung von Familie und Beruf.	• Unterschiedliche Wochenarbeitszeiten sind in allen Funktionen möglich. • Bei der Planung der Arbeitszeiten werden die zeitlichen Voraussetzungen aller Mitarbeiterinnen und Mitarbeiter berücksichtigt. • Die Wünsche und Bedürfnisse der Mitarbeiterinnen und Mitarbeiter werden bei der Urlaubsplanung so weit wie möglich berücksichtigt.

Räume und Ausstattung entsprechen den Erfordernissen des Arbeitsschutzes.	• Erwachsenengerechtes und ergonomisches Mobiliar steht in allen Arbeitsräumen zur Verfügung. Dies betrifft vor allem Sitzmöbel, Wickelplätze und Schreibtische.
	• Alle Räume verfügen über einen ausreichenden Schallschutz.
	• Die Einhaltung arbeitsschutzrechtlicher Bestimmungen in Bezug auf Räume und Ausstattung wird regelmäßig überprüft und ggf. notwendige Maßnahmen werden veranlasst.
	• Die Instrumente des Arbeits- und Gesundheitsschutzes werden angewandt, z. B:
	  • Durchführung einer Gefährdungsbeurteilung
	  • Einrichtung einer betrieblichen Kommission,
	  • Einrichtung eines Gesundheitszirkels
	  • Unterweisung

Räume und Ausstattung bieten eine produktive und angenehme Arbeitsatmosphäre.	• Den Fachkräften stehen angemessen und übersichtlich eingerichtete Arbeitsplätze für Schreibtätigkeiten zur Verfügung. • Die Gestaltung und Ausstattung des Pausenraums entspricht den Bedürfnissen der pädagogischen Fachkräfte (z. B. ruhige Farbgestaltung, Ruhesessel, Kühlschrank). • Jeder Fachkraft steht ein Platz für persönliche Utensilien zur Verfügung.

Die technische Ausstattung entspricht den Erfordernissen der pädagogischen Arbeit.	• Es stehen ausreichend Digitalkameras, Computer und Drucker zur Verfügung. • Alle technischen Geräte werden entsprechend den Vorschriften geprüft und gewartet und sind jederzeit nutzbar.
Die Kindertageseinrichtungen beschäftigen eine ausreichende Zahl von Küchen-, Reinigungs- und Haushaltskräften.	• Die pädagogischen Fachkräfte werden in ihrer Arbeit von Küchenfach-, Reinigungs- und Haushaltskräften unterstützt. • Die Arbeitsplatzgestaltung und der zeitliche Rahmen der Tätigkeiten der Küchenfach-, Reinigungs- und Haushaltskräfte entsprechen den anstehenden Aufgaben und den rechtlichen Vorgaben.
Die Arbeitsabläufe werden nach ergonomischen Gesichtspunkten gestaltet.	• Lasthandhabungen werden nach Möglichkeit vermieden. • Schweres Arbeitsmaterial wird so gelagert bzw. umgerüstet, dass es nicht gehoben oder getragen werden muss.

1.5 Gesundheitsförderndes Umfeld und Kooperation mit externen Partnern

Zur Stärkung der Bildungsarbeit, der Gesundheitsförderung und der Prävention ist es von großer Bedeutung, das Umfeld der Kindertageseinrichtung in die Arbeit einzubeziehen. Durch die Nutzung von externen Ressourcen und die Pflege von Kooperationen können die Arbeitsbedingungen der Fachkräfte verbessert werden und das Angebot an Bildungsgelegenheiten und Gesundheitsförderung erheblich erweitert werden.

Mögliche Qualitätsmerkmale	Schlüsselindikatoren (Beispiele)
Gesundheitliche Ressourcen und Risiken im Einzugsgebiet der Einrichtung werden berücksichtigt.	• Die Verkehrssituation im Einzugsgebiet und besonders in der unmittelbaren Umgebung der Einrichtung wird gemeinsam mit den Eltern im Hinblick auf mögliche Gefahren analysiert. • Falls erforderlich, werden Maßnahmen initiiert und durchgeführt, die die Risiken minimieren oder beseitigen. • Der Träger setzt sich auf kommunaler Ebene dafür ein, dass die Bedürfnisse der Kinder nach Sicherheit und Bewegung bei der baulichen Weiterentwicklung der unmittelbaren Umgebung berücksichtigt werden.
Vorhandene Ressourcen im Umfeld werden genutzt, um in der Einrichtung fehlende bzw. eingeschränkte räumliche Ressourcen zu kompensieren und die Bildungsanregungen zu erweitern.	• Die pädagogischen Fachkräfte kennen und nutzen naturnahe Orte oder Naturräume, Spiel- und Sportplätze, Bäder, öffentliche Grünflächen, Räume und Angebote anderer Träger in der näheren Umgebung der Einrichtung und tauschen sich mit den Eltern darüber aus. • Die pädagogischen Fachkräfte nutzen und erschließen mit den Kindern das kulturelle und soziale Umfeld der Kita (z. B. Theater, Museum, Geschäfte, Seniorenheime, Universitäten etc.). • Die Einrichtung bietet (sofern möglich) ihrerseits ihre Räume und ihr Außengelände den Kindern und Erwachsenen aus der Nachbarschaft sowie anderen Anbietern und deren Teilnehmerinnen und Teilnehmern an.
Die Kita setzt sich dafür ein, dass die Kinder zu Fuß, mit dem Fahrrad oder mit öffentlichen Verkehrsmitteln gebracht werden (können).	• Der Träger setzt sich für eine gute Erreichbarkeit der Kita mit öffentlichen Verkehrsmitteln ein. • Der Träger der Einrichtung sorgt für ausreichend gesicherte Fahrradstellplätze in unmittelbarer Nähe der Einrichtung.

2.1 Bildung und Gesundheit als konzeptioneller Rahmen und gemeinsames Grundverständnis

Damit die Bildungs- und Gesundheitsförderung zentraler Bezugspunkt für die pädagogische Arbeit einer Kindertageseinrichtung wird, ist es unabdingbar, dass alle Fachkräfte ein gemeinsames Grundverständnis entwickeln. Die tägliche Arbeit birgt das Potenzial, Gesundheit zu fördern und Bildungsprozesse zu ermöglichen. Dafür sind die bewusste Gestaltung des Alltags und die Orientierung an gesundheits- und bildungsfördernden Konzepten erforderlich. Neben der gemeinsamen Erarbeitung eines Konzeptes sind die alltägliche Umsetzung und die regelmäßige Reflektion von besonderer Bedeutung. Dazu bedarf es geteilter pädagogischer Wertvorstellungen und einer Orientierung am Konzept der Salutogenese.

Mögliche Qualitätsmerkmale	Schlüsselindikatoren (Beispiele)
Das Konzept der Salutogenese dient als Grundlage der pädagogischen Arbeit mit den Kindern, der Zusammenarbeit mit den Familien und der Arbeitsorganisation der Fachkräfte.	• Das Konzept der Salutogenese wird im Team diskutiert und auf die verschiedenen Aufgabenbereiche bezogen. • Das Konzept der Salutogenese wird regelmäßig als Folie für die Reflexion der eigenen Arbeit genutzt. • Das salutogenetische Grundverständnis spiegelt sich in der Konzeption der Einrichtung wider.
Das Kohärenzgefühl als »Herzstück« der Salutogenese wird als zentrales Bildungsziel und Ziel der Gesundheitsförderung umgesetzt.	• Die Bildungsanlässe der Kinder werden mit Blick auf Verstehbarkeit, Handhabbarkeit und Bedeutsamkeit entwickelt. • Die Umsetzung der drei Komponenten des Kohärenzgefühls wird regelmäßig reflektiert und weiterentwickelt.
Die Wertschätzung jeder Person und eine konsequente Ressourcenorientierung sind geteilte Werte, die sich in der täglichen Arbeit widerspiegeln.	• Jedes Kind wird in seiner Einzigartigkeit wertgeschätzt. • Die unterschiedlichen sozialen Kontexte jedes Kindes werden berücksichtigt. • Die Arbeit der Fachkräfte erfährt Anerkennung und Wertschätzung. Die fachliche Weiterentwicklung setzt an den jeweiligen Stärken an.
Die Fachkräfte teilen eine bewegungsfreundliche Grundhaltung, die die Eigenaktivität der Kinder in den Mittelpunkt stellt.	• Die pädagogischen Fachkräfte reflektieren ihre eigene Bewegungsbiografie und -sozialisation, ihre aktuelle Einstellung zu Bewegung und sportlicher Betätigung sowie ihre individuelle Bewegungspraxis. • Die pädagogischen Fachkräfte richten die Gestaltung der Räumlichkeiten und die Gestaltung des Alltags an den Bewegungsbedürfnissen der Kinder aus. • Die pädagogischen Fachkräfte sind mit der individuellen Bewegungsentwicklung von Kindern vertraut und ermutigen alle Kinder zu eigenaktiven und vielfältigen Bewegungserfahrungen. Dies gilt insbesondere für Kinder mit Behinderungen.
Das Prinzip der Inklusion ist ein zentraler Ankerpunkt der pädagogischen Arbeit.	• Die pädagogischen Fachkräfte setzen sich regelmäßig mit den Grundlagen des Inklusionskonzeptes auseinander und überprüfen das Gelingen der Umsetzung in der eigenen Einrichtung. • In der pädagogischen Arbeit berücksichtigen die pädagogischen Fachkräfte die verschiedenen Bedürfnisse der Kinder, ohne sie auf bestimmte Zuschreibungen festzulegen.

Die pädagogischen Mitarbeiter/ -innen berücksichtigen die Bedürfnisse von Kindern in den verschiedenen Altersstufen.[109]	• In der pädagogischen Konzeption wird zumindest exemplarisch erläutert, in welcher Form und bei welchen Gelegenheiten die folgenden Bedürfnisse von Kindern berücksichtigt werden: • Ernährung, Ruhe, Bewegung, Anregung der Sinne • Wertschätzung (Anerkennung, Ermutigung) • Sicherheit, Zugehörigkeit, Geborgenheit, Teilhabe • Selbstverwirklichung (Selbsttätigkeit, Entdecken) • Bedürfnis nach neuen Erfahrungen Dabei wird auf die verschiedenen Altersstufen eingegangen.
In die laufende Weiterentwicklung der pädagogischen Konzeption werden Kinder und Eltern einbezogen.	• Das gesamte Team arbeitet an der Weiterentwicklung und Umsetzung der pädagogischen Konzeption der Einrichtung mit. • Ziele und inhaltliche Schwerpunkte werden konkret und auch für Außenstehende anschaulich beschrieben. • Die Wünsche und Anregungen der Kinder und der Eltern werden systematisch erhoben und bei der Weiterentwicklung der Konzeption berücksichtigt.

109 vgl. Andresen & Albus 2009; Piefel 1993

2.2 Gestaltung und Reflexion des pädagogischen Alltags

Der gemeinsam verbrachte Alltag in der Kindertageseinrichtung hat eine besondere Bedeutung für die gute gesunde Kita. Im Alltag finden sich unzählige Gelegenheiten für die Anregung von Bildungsprozessen. Diese zu erkennen und zu nutzen zeichnet die hohe Qualität pädagogischer Arbeit aus. Auch ist der Alltag in besonderem Maße bedeutsam für das Wohlbefinden der Kinder. Vorhersehbare Abläufe, die an den Bedürfnissen der Kinder orientiert sind, können Sicherheit geben. Gleichzeitig können die Interessen der Kinder in die Alltagsgestaltung einfließen. Der Alltag bietet Zeit und Raum zum Aufbau wertschätzender Beziehungen zwischen den Kindern untereinander und mit den pädagogischen Fachkräften. Schließlich können im alltäglichen Miteinander gesundheitsförderliche Handlungspraktiken eingeübt werden (Ernährung, Bewegung, Zahnpflege).

Mögliche Qualitätsmerkmale	Schlüsselindikatoren (Beispiele)
Die Fachkräfte finden eine Balance zwischen vorhersehbaren Ritualen und flexibler, an den Bedürfnissen der Kinder orientierter Alltagsgestaltung.	• Die pädagogischen Fachkräfte sorgen für gleichbleibende Routinen und Rituale im Alltag (z. B. feste Zeiten, Orte und Abläufe für Mahlzeiten, Schlafen, Morgenkreis). • Spontane Ereignisse und Bedürfnisse der Kinder werden flexibel in den Tagesablauf integriert. • Die Dauer verschiedener Aktivitäten ist am Entwicklungsstand und den aktuellen Bedürfnissen der Kinder ausgerichtet.
Prävention und Gesundheitsförderung sind selbstverständliche Bestandteile der alltäglichen pädagogischen Arbeit mit den Kindern.	• Die pädagogischen Fachkräfte integrieren abwechslungsreiche Bewegungsanregungen in den Alltag und gehen nach Möglichkeit täglich hinaus. • Die Kinder finden den ganzen Tag über Rückzugs- und Ruhemöglichkeiten. • Zähneputzen und Händewaschen werden als feststehende und dennoch anregende Rituale in den Alltag integriert.
Die Gestaltung des Alltags knüpft an den Erfahrungen der Kinder an und bietet Bildungsanregungen.	• Die pädagogischen Fachkräfte beziehen bei der Gestaltung des Alltags die unterschiedlichen Erfahrungen der Kinder in ihren Herkunftsfamilien ein. • Die Kinder werden in die Planung von Aktivitäten einbezogen. • Die verschiedenen Aufgaben im Alltag werden als Bildungsgelegenheiten genutzt (z. B. Tischdecken, Aufräumen, Kinder zählen ...).
Die pädagogischen Fachkräfte reflektieren die Alltagsgestaltung regelmäßig, sprechen sich im gesamten Team ab und passen sie an veränderte Gegebenheiten an.	• Die pädagogischen Fachkräfte beobachten und reflektieren die Stimmigkeit der Alltagsgestaltung in regelmäßigen Abständen. • Die Gestaltung des Alltags ist regelmäßiges Thema der gemeinsamen Teamsitzungen und wird sowohl an den pädagogischen Grundhaltungen sowie an den Erfordernissen und individuellen Bedürfnissen der Kinder ausgerichtet.

2.3 Bindung und feinfühlige Interaktion als Grundlage der pädagogischen Arbeit

Verlässliche Bindungsbeziehungen der Kinder sind sowohl grundlegend für ihr Wohlbefinden als auch Voraussetzung für gelingende Bildungsprozesse. In der guten gesunden Kita ist deshalb die pädagogische Arbeit daran ausgerichtet, für alle Kinder sichere Bindungsbeziehungen mit den pädagogischen Fachkräften zu ermöglichen. Von besonderer Bedeutung für Bindungsbeziehungen der Kinder ist die enge und wertschätzende Zusammenarbeit der pädagogischen Fachkräfte mit den Eltern der Kinder. Die Wertschätzung der Kinder drückt sich in einer feinfühligen Interaktion mit den Kindern aus.

Mögliche Qualitätsmerkmale	Schlüsselindikatoren (Beispiele)
Die grundlegende Bedeutung von zuverlässigen Bindungsbeziehungen für das Wohlbefinden, die seelische Gesundheit und Entwicklung von Kindern ist Ausgangspunkt der pädagogischen Arbeit.	• Die theoretischen Grundlagen des Bindungskonzeptes sowie deren Bedeutung für die Gestaltung der pädagogischen Arbeit sind allen Fachkräften in der Einrichtung vertraut. • Die Fachkräfte gestalten aktiv die Beziehungen zu den Kindern. Sie gehen dabei sensibel auf die Signale der Kinder ein. • Der Arbeitszeiten der pädagogischen Fachkräfte sind so organisiert, dass für jedes Kind zu jeder Zeit eine ihm vertraute Bezugsperson ansprechbar ist.
Die Eingewöhnung von Kindern entspricht den aktuellen Erkenntnissen der Bindungsforschung.	• Die Einrichtung verfügt über ein wissenschaftlich fundiertes Eingewöhnungskonzept, das von den Mitarbeiterinnen und Mitarbeitern umgesetzt und regelmäßig überprüft wird. • Insbesondere bei Kindern unter drei Jahren wird die Eingewöhnungsphase schrittweise und im ständigen Dialog mit den Eltern gestaltet. • Während der Eingewöhnung wird jedes Kind von einer festen Bezugserzieherin/einem festen Bezugserzieher begleitet. Nach Möglichkeit kann das Kind selbst seine Bezugserzieherin oder seinen Bezugserzieher wählen.
Die Zusammenarbeit mit den Familien der Kinder hat einen hohen Stellenwert.	• Die Kinder erleben, dass ihre Familien wertgeschätzt werden und die Fachkräfte ihren Erlebnissen in der Familie mit großem Interesse begegnen. • Die Fachkräfte bemühen sich aktiv um eine partnerschaftliche Beziehung mit den Eltern der Kinder. • Die pädagogischen Fachkräfte stehen in ständigem Austausch mit den Eltern der Kinder. Die familiären Erlebnisse und das aktuelle Wohlbefinden des Kindes werden im Kita-Alltag berücksichtigt.
Die Interaktion der pädagogischen Fachkräfte mit den Kindern zeichnet sich durch Feinfühligkeit und Wertschätzung aus.	• Die pädagogischen Fachkräfte reagieren auf alle verbalen und nonverbalen Äußerungen der Kinder angemessen und zugewandt. • Das Verhalten der Erzieherinnen und Erzieher ist geprägt von Wertschätzung, emotionaler Wärme und Empathie. • Die Erzieherinnen und Erzieher respektieren jedes Kind. Sie stellen z. B. kein Kind vor anderen bloß, sie rufen kein Kind aus der Ferne, sondern gehen zu ihm, sie machen keine spöttischen oder gar sarkastischen Bemerkungen, sie lassen jedes Kind ausreden, die Interaktionen finden in gleicher Augenhöhe statt.
Den pädagogischen Fachkräften stehen verschiedene Formen der Unterstützung und zur Reflexion ihrer Beziehungen zu den Kindern und deren Familien zur Verfügung.	• Die Beziehungen zu den Kindern und mit den Familien werden regelmäßig in den Teamsitzungen thematisiert. • Die pädagogischen Fachkräfte nutzen die Methode der kollegialen Beratung und arbeiten ggf. mit Videographie, um ihre Interaktionen mit den Kindern zu reflektieren. • Die pädagogischen Fachkräfte nutzen regelmäßig Supervisionen, um ihre Beziehungen zu den Kindern und den Eltern zu reflektieren.

2.4 Inklusion verwirklichen

Kindertageseinrichtungen werden von Kindern mit vielfältigen familiären, sozialen und kulturellen Hintergründen sowie von Kindern mit unterschiedlichen psychischen und physischen Voraussetzungen besucht. Inklusion zu verwirklichen bedeutet nicht nur, mit dieser Unterschiedlichkeit wertfrei umzugehen, sondern auch, sich bewusst zu machen, dass jeder Mensch nicht nur einer bestimmten Gruppe angehört, sondern sich jede Identität aus vielen Merkmalen und Zugehörigkeiten zusammensetzt.[110] In Bezug auf die pädagogische Arbeit in der guten gesunden Kita bedeutet Inklusion, so weit wie möglich allen Kindern gleiche Erfahrungen zu ermöglichen und so oft wie nötig individuell auf besondere Bedürfnisse einzugehen (ebd.). Inklusive Pädagogik trägt dazu bei, dass alle Kinder sich in der Kita wohl und angenommen fühlen und jedes Kind in seinen individuellen Bildungsprozessen unterstützt wird.

Mögliche Qualitätsmerkmale	Schlüsselindikatoren (Beispiele)
Alle Kinder und ihre Familien sind in der Kindertageseinrichtung willkommen.	• Bei der Aufnahme eines Kindes wird gemeinsam mit den Eltern nach den für das Kind und seine Familie bestmöglichen Bedingungen gesucht (z. B. Betreuungszeiten, Bezugserzieherinnen und -erzieher, Schlafplatz ...). • Bei der Aufnahme von Kindern und ihren Familien werden keine Kinder oder Familien aussortiert. • Die Personalausstattung ermöglicht den Fachkräften, sich jedem Kind individuell zuzuwenden.
Die Fachkräfte begegnen den Kindern und ihren Familien mit einer offenen und vorurteilsbewussten Haltung.	• Die pädagogischen Fachkräfte interessieren sich für die familiäre Situation jedes einzelnen Kindes und sind im kontinuierlichen Kontakt mit den Eltern. • Die Familiensprachen und Familienkulturen der Kinder sind im Alltag präsent (Lieder, Fotowände jeder Familie, Besuche der Eltern). • Die Fachkräfte reflektieren regelmäßig ihre Zusammenarbeit mit den Familien und machen sich eventuelle Vorurteile bewusst.
Die pädagogischen Fachkräfte reflektieren gesellschaftliche und strukturelle Diskriminierungen sowie ihren eigenen sozialen und kulturellen Hintergrund.	• Die Fachkräfte setzen sich mit strukturellen Diskriminierungen auseinander und berücksichtigen gesellschaftliche Benachteiligungen von Kindern und Familien. • Die pädagogischen Fachkräfte sind sich ihrer eigenen gesellschaftlichen Verortung bewusst. Sie erkennen eigene Vorurteile und finden Wege, damit umzugehen. • Die pädagogischen Fachkräfte achten im Gespräch mit und über Kinder und Familien auf Wertschätzung. Sie vermeiden Verallgemeinerungen und weisen sich gegenseitig auf Diskriminierungen hin.
Raumgestaltung und Materialangebot sind so beschaffen, dass alle Kinder sich willkommen und aufgehoben fühlen.	• Die Einrichtung ist barrierefrei gestaltet. • Das Materialangebot spiegelt die Vielfalt der Kinder und ihrer Familien wider (z. B. Hautfarbenstifte, Auswahl der Puppen, Kinderbücher, in denen Kinder mit Behinderungen, Scheidungsfamilien, die Lebenswirklichkeit von Familien mit Migrationshintergrund in Deutschland vorkommen ...). • Ausstattung und Material berücksichtigen die unterschiedlichen Bedürfnisse aller Kinder (z. B. individuell gestaltete Schlafplätze).

110 vgl. Sulzer 2013, S. 14

2.5 Themen und Praxis der Prävention und Gesundheitsförderung

In der guten gesunden Kita zieht sich der Fokus Gesundheit als Querschnitt durch alle Bereiche der pädagogischen Arbeit. Um dies zu erreichen, werden spezifische Themen der Gesundheitsförderung und der Prävention gezielt in den Blick genommen und in die alltägliche Praxis übertragen. Dabei werden die Voraussetzungen der Kinder und ihrer Familien ebenso berücksichtigt wie die Gegebenheiten der Kindertageseinrichtung.

Grundlage für eine gelingende Gesundheitsförderung und erfolgreiche Prävention sind zunächst Fachwissen und ein gemeinsames Verständnis der Fachkräfte, des Trägers, der Leitung, der sonstigen Mitarbeiterinnen und Mitarbeiter sowie die gemeinsame Entwicklung und regelmäßige Reflexion eines Konzeptes zur Umsetzung.

Indem Kindertageseinrichtungen einen Schwerpunkt auf Themen der Prävention und Gesundheitsförderung legen und diese systematisch in ihre Arbeit integrieren, leisten sie einen konkreten Beitrag zur Förderung der Gesundheit der Kinder, in den Familien und auch der Mitarbeiterinnen und Mitarbeiter. Sie tragen zu vermehrtem Wissen über die eigene Gesundheit bei und können Kinder, Familien und Fachkräfte dabei unterstützen, gesundheitsförderliche Gewohnheiten zu entwickeln.

Die Auseinandersetzung mit Themen der Prävention und Gesundheitsförderung bieten vielseitige Bildungsanregungen für Kinder, insbesondere in Bezug auf den eigenen Körper, die eigenen Sinne und die eigenen Gefühle.

Mögliche Qualitätsmerkmale	Schlüsselindikatoren (Beispiele)
Themen der Gesundheitsförderung und Prävention werden systematisch und kontextbezogen in die pädagogische Arbeit der Kindertageseinrichtung integriert.	• Für die jeweilige Kita werden passgenaue Konzepte zur Umsetzung der gesundheitsrelevanten Themen erarbeitet und umgesetzt. Dabei werden vor allem die Voraussetzungen und Lebensbedingungen der Kinder und ihrer Familien sowie der Mitarbeiterinnen und Mitarbeiter berücksichtigt. • Träger, Leitung und Fachkräfte entwickeln ein gemeinsames Konzept zur Prävention und Früherkennung möglicher Probleme von Kindern. • Alle beteiligten Personengruppen sind an der Erarbeitung eines Konzeptes beteiligt. Dies betrifft sowohl die pädagogischen als auch die sonstigen Mitarbeiterinnen und Mitarbeiter, die Leitung und den Träger der Einrichtung sowie die Kinder und ihre Familien.
Der eigene Körper und das eigene Erleben stehen im Mittelpunkt der Gesundheitsförderung.	• Mädchen und Jungen werden darin unterstützt, ihren Körper sensibel wahrzunehmen und ein positives Körpergefühl zu entwickeln. • Die pädagogischen Fachkräfte unterstützen die Kinder im Alltag dabei, ihre Bedürfnisse und Gefühle wahrzunehmen und regen zu verschiedenen Formen an, diese zum Ausdruck zu bringen. • Die pädagogischen Fachkräfte begleiten die Erkundungen des eigenen Körpers, ermöglichen Freude an Körperlichkeit und Sinnlichkeit und unterstützen die Kinder dabei, ihre eigenen Grenzen wahrzunehmen und gegenüber anderen zu vertreten.
Ein besonderer Fokus ist auf eine gesunde Ernährung gerichtet. Die Fachkräfte orientieren sich an dem DGE-Qualitätsstandard für die Verpflegung in Tageseinrichtungen für Kinder der Deutschen Gesellschaft für Ernährung e.V. (2013).	• Die angebotenen Mahlzeiten sind hochwertig, abwechslungsreich und schmackhaft, werden frisch zubereitet und anregend präsentiert. • Bei der Auswahl der Lebensmittel werden kulturspezifische, religiöse, alters- und gesundheitsbedingte Aspekte berücksichtigt. • Süßigkeiten werden nur zu besonderen Gelegenheiten angeboten. Gesunde Alternativen stehen regelmäßig zur Verfügung. • Die Kinder haben jederzeit Zugang zu Wasser oder ungesüßten Tees. • Die Küchenfachkräfte verfügen über spezielles Fachwissen zu gesunder und kinderfreundlicher Ernährung und bilden sich regelmäßig weiter.

Die Fachkräfte gestalten die Mahlzeiten lustvoll und beziehen die Kinder ein.	• Die pädagogischen Fachkräfte sorgen während der gemeinsamen Mahlzeiten für eine angenehme und entspannte Atmosphäre und essen gemeinsam mit den Kindern. • Die Kinder können selbst entscheiden, was und wie viel sie essen möchten. • Die Kinder haben die Möglichkeit, an der Zubereitung von Mahlzeiten mitzuwirken (z. B. Einkaufen auf dem Markt, Waschen und Schneiden von Gemüse und Obst, Brot backen ...).
In der Kindertageseinrichtung wird die Lust an Bewegung sowie die Freude an und in der Natur besonders gefördert.	• Die pädagogischen Fachkräfte ermöglichen den Kindern vielfältige Sinnes- und Bewegungserfahrungen. • Die pädagogischen Fachkräfte ermöglichen den Kindern häufig Erfahrungen in der Natur. • Die pädagogischen Fachkräfte fördern die Freude an der Natur und die Bereitschaft, liebevoll und sorgsam mit Pflanzen und Tieren umzugehen und sich umweltfreundlich zu verhalten.
Psychische und soziale Gesundheitsaspekte werden thematisiert und berücksichtigt.	• Die pädagogischen Fachkräfte kennen psychische und soziale Risiken im Kindesalter. • Pädagogische Fachkräfte gehen empathisch mit den daraus resultierenden Bedürfnissen der Kinder um und legen Wert auf die Ausbildung einer altersgemäßen Risikokompetenz. • Die pädagogischen Fachkräfte setzen sich mit eigenen psychischen Belastungen auseinander und nutzen Unterstützungsangebote.
Ruhe- und Entspannungsphasen für Kinder und pädagogische Fachkräfte werden bewusst gestaltet.	• Der Alltag in der Kita ist so organisiert, dass die Kinder während der Ruhe- und Schlafphasen nicht gestört werden. • Die pädagogischen Fachkräfte unterstützen die Kinder dabei, zur Ruhe zu kommen und bieten verschiedene Entspannungsmöglichkeiten an. • Die Fachkräfte kennen und nutzen ihrerseits unterschiedliche Formen der Stressbewältigung und nutzen ihre Pausenzeiten zur Entspannung.
Entwicklungsbesonderheiten und -risiken werden frühzeitig erkannt, die Erziehungsberechtigten werden entsprechend beraten.	• Fachkräfte in der Einrichtung haben Kenntnisse über Anzeichen verschiedener Entwicklungsrisiken (körperliche, sprachliche oder kognitive Entwicklung). • Im Fall eines Verdachts wird möglichst frühzeitig das Gespräch mit den Erziehungsberechtigten gesucht, da nur diese tätig werden können. • Beim Verdacht auf eine Gefährdung des Kindeswohls beteiligt sich die Einrichtung an dem in diesen Fällen vorgesehenen Verfahren (§ 8a SGB VIII).

3.1 Selbsttätiges und entdeckendes Lernen mit allen Sinnen ermöglichen

Damit Bildungsprozesse in Kindertageseinrichtungen stattfinden können, müssen Kinder die Gelegenheit haben, ihren eigenen Interessen und Impulsen zu folgen. Bildungsprozesse gehen vom Kind aus und knüpfen immer an dessen Vorerfahrungen an. Kinder lernen mit allen Sinnen und haben das Bedürfnis, die Welt eigenständig zu entdecken. Die pädagogischen Fachkräfte gehen von ihren Beobachtungen der Bildungsprozesse aus und geben Anregungen, stellen potentiell interessante Materialien zur Verfügung, fordern die Kinder heraus und sorgen für flexible Zeit- und Spielräume.

Kinder, die ihren eigenen Fragen folgen können, lernen sich selbst und ihre Umgebung kennen und verstehen. Sie erfahren, dass sie selbst etwas bewirken können, sie lernen mit Frustrationen umzugehen, sie probieren verschiedene Wege aus, um etwas zu erreichen. Diese Erfahrungen sind grundlegend für ein gesundes Aufwachsen.

Mögliche Qualitätsmerkmale	Schlüsselindikatoren (Beispiele)
Die Eigenaktivität der Kinder wird als Ausgangspunkt der pädagogischen Arbeit verstanden.	• Die pädagogischen Fachkräfte nehmen alle Kinder als aktive und kompetente Lerner wahr und verstehen sich als Begleiterinnen und Begleiter der Bildungsprozesse der Kinder. • Die pädagogischen Fachkräfte begleiten die Tätigkeiten der Kinder beobachtend und halten sich mit Vorschlägen, Erklärungen und Angeboten zurück. Sie ermöglichen den Kindern, ihre eigenen Themen zu verfolgen und eigene Lösungswege zu finden und stehen als Gesprächspartnerinnen und -partner oder als Unterstützung zur Verfügung, wenn die Kinder dies benötigen oder wünschen. • Die pädagogischen Fachkräfte tauschen sich im Team regelmäßig über die Themen der Kinder aus und entwickeln gemeinsam Ideen für die weitere Gestaltung der Arbeit.
Die Kinder finden viele Möglichkeiten zu handlungs- und erfahrungsorientiertem Lernen.	• Die pädagogischen Fachkräfte ermöglichen den Kindern selbsttätiges und entdeckendes Lernen, indem sie Räume und Materialien anregend gestalten und an den aktuellen beobachteten Interessen der Kinder ausrichten. • Die Kinder haben die Möglichkeit, alle Materialien und Geräte auszuprobieren, die sie interessieren. • Die Kinder werden in der Auffassung bestärkt, dass nicht alles sofort gelingen kann. Sie werden im Fall eines Misserfolgs ermuntert, den nächsten Versuch zu wagen.
Die Kinder haben die Möglichkeit, Sicherheitskompetenz – u. a. Risiken einschätzen, sich selbst sichern – aufzubauen und weiterzuentwickeln.	• Die Kinder haben die Möglichkeit, ihre eigenen Kräfte zu erproben, physische Grenzbereiche auszutesten und »kalkulierte Risiken« innerhalb eines gesetzten Rahmens einzugehen. • Die pädagogischen Fachkräfte sind sich des Spannungsverhältnisses von Sicherheitserwägungen und den persönlichkeitsbildenden Impulsen von herausfordernden und potenziell risikobehafteten Aktivitäten bewusst, gehen in den fachlichen Austausch darüber und kommen zu begründeten Entscheidungen.
Die Kinder erhalten die Zeit, die sie brauchen, um sich mit ihren Fragen und Entdeckungen zu beschäftigen.	• Die Kinder werden nicht unterbrochen, wenn sie in eine Sache vertieft sind. Die pädagogischen Fachkräfte achten darauf, dass Kinder während des gesamten Tages ihre Tätigkeiten abschließen können. • Die Fachkräfte gestalten den Tagesablauf so flexibel, dass Bildungsgelegenheiten jederzeit genutzt werden können. • Die Kinder dürfen sich langweilen.

Subjektive Bedeutsamkeit und Bezug zur Lebenswelt des Kindes sind Auswahlkriterien für Projekte, Themen und Inhalte.	• Die Erzieherinnen und Erzieher gehen von den Fragen der Kinder aus. • Die pädagogischen Fachkräfte bieten den Kindern Anregungen und Herausforderungen, die an ihren Themen, Erlebnissen und Erfahrungen anknüpfen. • Die Erzieherinnen und Erzieher gehen von Ereignissen und Erfahrungsmöglichkeiten im Umfeld der Einrichtung aus und greifen sie auf.
Die selbsttätigen Bildungsprozesse der Kinder werden beim Austausch mit den Eltern regelmäßig thematisiert.	• Die pädagogischen Fachkräfte tauschen sich mit den Eltern über die aktuellen beobachteten Bildungsthemen der Kinder aus. • Die pädagogischen Fachkräfte nutzen die Dokumentationen ihrer Beobachtungen, um die Bildungsprozesse der Kinder für die Eltern sichtbar zu machen. • Die Bedeutung des selbsttätigen Lernens wird in Elternabenden thematisiert.

3.2 Selbstwahrnehmung und Peerbeziehungen unterstützen

Wie Kinder sich selbst wahrnehmen, ist gleichzeitig Resultat von und Voraussetzung für Erfahrungen in sozialen Beziehungen und mit der gegenständlichen Umwelt. Eine Selbstwahrnehmung, die von positiven Überzeugungen und Einstellungen sich selbst gegenüber geprägt ist, ist eine bedeutende personale Ressource, die in einem engen Wechselverhältnis mit der Gesundheit, Bildungsbereitschaft und -fähigkeit eines Kindes steht. Auch Kontakte und Beziehungen zwischen den Kindern prägen das kindliche Selbstkonzept, da jede Reaktion eines Gegenübers als Wissen über sich selbst nutzbar gemacht und in das eigene Selbstbild integriert wird. Peers sind darüber hinaus eine Entwicklungs- und Bildungsressource, weil sie von Erwachsenen-Kind-Beziehungen unterscheidbare Merkmale aufweisen; vor allem ist ihr Macht- und Kompetenzverhältnis ausgeglichener, was ko-konstruktive Bildungsprozesse besonders befördert. Peers teilen ähnliche Interessen und Spielvorlieben und können, wenn sie regelmäßig zusammenkommen, individualisierte Beziehungen und Freundschaften ausbilden, die wertvoll für das emotionale Wohlbefinden und die psychische Gesundheit sind.

Mögliche Qualitätsmerkmale	Schlüsselindikatoren (Beispiele)

Die Erzieherinnen und Erzieher ermöglichen den Kindern, »Eigen-Sinn« zu entwickeln.	• Die pädagogischen Fachkräfte unterstützen die Kinder darin, ...
	  • wahrzunehmen und zu vertreten, was sie mögen oder was sie nicht mögen
	  • ein positives Selbstkonzept zu entwickeln
	  • Eigenliebe zu empfinden
	  • einen bewussten Umgang mit den eigenen Gefühlen und dem eigenen Körper zu entwickeln
	  • die eigene Geschlechtsidentität zu entwickeln.

Die Fachkräfte berücksichtigen die Bedeutung von Peerbeziehungen und begleiten diese respektvoll.	• Die pädagogischen Fachkräfte kennen die große Bedeutung von Peerbeziehungen und bieten dafür zahlreiche Gelegenheiten im Alltag. • Die pädagogischen Fachkräfte ermöglichen den Kindern, ihre Beziehungen selbst zu wählen und ermuntern sie, auf andere Kinder zuzugehen. • Die pädagogischen Fachkräfte beobachten die Kindergemeinschaft und Peerbeziehungen regelmäßig und tauschen sich darüber aus.
Die pädagogischen Fachkräfte ermöglichen allen Kindern die Erfahrung, einer Kindergruppe anzugehören.	• Die pädagogischen Fachkräfte regen das Zusammenspiel zwischen den Kindern an, indem sie Materialien bereitstellen, die Kooperation und gemeinsame Anstrengung erfordern.[111] • Die Erzieherinnen und Erzieher unterstützen gemeinsame Aktivitäten von neu aufgenommenen Kindern und Kindern, die die Einrichtung schon länger besuchen. • Rituale, die Sicherheit vermitteln und das Zusammengehörigkeitsgefühl stärken, haben einen hohen Stellenwert.

Die Erzieherinnen und Erzieher fördern die Kompetenzen der Kinder, unterstützen sie dabei, Meinungsverschiedenheiten und Konflikte untereinander, d. h. ohne direktes Eingreifen der Erwachsenen, konstruktiv zu lösen.	• Die pädagogischen Fachkräfte nehmen Konflikte ernst und begleiten sie empathisch.
	• Die pädagogischen Fachkräfte bestärken die Kinder in ihren Versuchen, bei Konflikten selbst »Win-Win-Lösungen« zu finden.
	• Bei Bedarf bieten die pädagogischen Fachkräfte auf der Basis fachlicher Konzepte Schritte für Konfliktlösungen an, indem sie u. a.
	  • die Konfliktsituation beschreiben
	  • Auswirkungen des Konfliktverhaltens beschreiben
	  • aktiv zuhören und Fragen stellen
	  • Ich-Botschaften geben
	  • mögliche Lösungen beschreiben
	  • Kindern Konfliktlösungsrituale nahebringen[112].

Gefühlsäußerungen der Kinder werden wahrgenommen und beantwortet.	• Alle Gefühle haben im Alltag ihren Platz, auch Wut und Angst. Die Fachkräfte reagieren mit Empathie. • Die pädagogischen Fachkräfte unterstützen die Kinder dabei, ihre eigenen Gefühle wahrzunehmen und auf die Gefühle anderer Kinder empathisch zu reagieren. • Die pädagogischen Fachkräfte thematisieren gemeinsam mit den Kindern verschiedene Möglichkeiten, ihre Gefühle zum Ausdruck zu bringen.
Die Erfahrungen der Eltern mit den Peerbeziehungen ihrer Kinder werden berücksichtigt.	• Die pädagogischen Fachkräfte tauschen sich mit den Eltern über die Beziehungen ihrer Kinder zu anderen Kindern aus, insbesondere auch über die Erfahrungen der Kinder mit Geschwistern. • Sie entwickeln gemeinsam Ideen, wie sie Freundschaften zwischen Kindern unterstützen können.

111 Völkel 2010, S. 10

112 Kain u. a. 2006; Faller, Faller & Weiß 2008

3.3 Achtsame Kommunikation und Interaktion zwischen Erwachsenen und Kindern

Kommunikation und Sprache gehören zu den Grundlagen menschlichen Zusammenlebens. Sich ausdrücken zu können, Dialoge zu führen, von sich zu erzählen, sich zu streiten und zu argumentieren sind die Kulturtechniken, die jedem Menschen ermöglichen, die Welt zu erfahren und zu begreifen und sie selbst mitzugestalten. Kommunikation und Partizipation betreffen Bildung und Gesundheit gleichermaßen. Achtsame Kommunikation trägt dazu bei, dass Kinder sich wohl und angenommen fühlen. Die eigenen Bedürfnisse äußern zu können, gehört zu werden und mitbestimmen zu können, ermöglicht Kindern, zu ihrem eigenen Wohlbefinden beizutragen.

Mögliche Qualitätsmerkmale	Schlüsselindikatoren (Beispiele)
Die pädagogischen Fachkräfte verstehen Kindheit als eine dem Erwachsenenalter gleichberechtigte Lebensphase.	• Die Handlungen der Kinder werden als sinnvoll wahrgenommen und nicht unterbrochen. • Die pädagogischen Fachkräfte begegnen den Handlungen und Ideen der Kinder mit Neugier und Offenheit. • Der gegenseitige Umgang ist von wechselseitigem Respekt, Empathie und Reversibilität geprägt, Kinder werden als gleichwertige und -berechtigte Partner betrachtet.
Die Interaktionen zwischen Erzieherinnen bzw. Erziehern und Kindern sind von Respekt geprägt.	• Die Privatsphäre der Kinder (Eigentumsfach, eigenes Portfolio, Toilettengang) wird strikt respektiert. • Die Erzieherinnen und Erzieher verdeutlichen jedem Kind, dass sie strikt zwischen Person/Beziehung und Handlungsweisen trennen (z. B.: »Du bist in Ordnung, aber das, was du machst, finde ich nicht in Ordnung.«). • Die Erzieherinnen und Erzieher halten die Balance zwischen Nähe und Distanz, können auch bei großer Sympathie Grenzen setzen.
Die Erzieherinnen und Erzieher interagieren und kommunizieren in individualisierter Form.	• Die Erzieherinnen und Erzieher sprechen jedes Kind so an, wie es angesprochen werden möchte. • Die Erzieherinnen und Erzieher sind sensibel für kulturbedingte Unterschiede in den Formen der Interaktion und Kommunikation (z. B. ist eine Begrüßung per Handschlag oder eine Umarmung in der Öffentlichkeit in manchen Kulturen üblich, in anderen verstoßen sie gegen die guten Sitten). • Die Fachkräfte nutzen eine dem Alter des Kindes angemessene Sprache, ohne dabei zu stark zu vereinfachen.

Die Erzieherinnen und Erzieher orientieren sich bei der Kommunikation mit den Kindern an den Prinzipien der Reversibilität und der Kongruenz.	• Die Erzieherinnen und Erzieher signalisieren Empathie und fördern gleichberechtigte Kommunikation (wie auch sprachliche Kompetenzen) durch
	  • »aktives Zuhören«
	  • Fragen statt Aussagen, insbesondere offene Fragen
	  • Nachfragen
	  • Äußerungen, die Verständnis ausdrücken
	  • »Ich-Botschaften«[113].
	• Am Modell der Erzieherin und des Erziehers können die Kinder Übereinstimmung zwischen Worten, Gefühlen und Verhaltensweisen (z. B.: »Sage nicht ›ja‹, wenn du ›nein‹ sagen willst!«) beobachten.

113 Gordon 2012

Kommunikation wird als Dialog verstanden, der durch Wertschätzung und Interesse getragen wird.	• Die Fachkräfte reden mit den Kindern anregend, entwickeln mit den Kindern gemeinsame Dialoge und achten darauf, möglichst wenige Anweisungen zu geben (Tu dies!, Lass das!). • Die Fachkräfte schreiben Geschichten oder Kommentare der Kinder zu ihren eigenen Bauwerken, Bildern, etc. auf (Kinderdiktat). • Die Fachkräfte reflektieren ihre Kommunikation mit den Kindern regelmäßig und geben sich gegenseitig dazu Rückmeldungen.
Sprachförderung findet in kommunikativen Alltagsprozessen statt.	• Gemeinsame, intensive Unterhaltungen finden regelmäßig statt (z. B. im Morgenkreis, bei den Mahlzeiten). • Die Erzieherinnen und Erzieher zeigen bei spontanen Erzählungen eines Kindes Aufmerksamkeit und Interesse. • Das Kommunikationsbedürfnis des Kindes hat Vorrang vor der grammatikalisch richtigen Form seiner Äußerungen. • Die Erzieherinnen und Erzieher achten auf ihr Sprachvorbild.
Die Bedeutung einer wertschätzenden und offenen Kommunikation wird auch mit den Eltern der Kinder thematisiert.	• Die pädagogischen Fachkräfte dokumentieren Gespräche mit den Kindern für die Eltern. • Kommunikation mit Kindern ist auch ein Thema auf Elternabenden.

3.4 Beobachtung und Dokumentation als Grundlage von Bildungsbegleitung und individueller Förderung

Das systematische Beobachten von Bildungs- und Entwicklungsprozessen von Kindern stellt ein wesentliches Instrument einer ressourcenorientierten und individuellen Bildungs- und Entwicklungsbegleitung dar. Bildungsprozesse finden dann statt, wenn Kinder ihren eigenen Interessen folgen können und die Möglichkeit haben, sich in selbstgewählte Tätigkeiten zu vertiefen. Dabei profitieren sie von Anregungen und Herausforderungen erwachsener Bezugspersonen ebenso wie von den Interaktionen mit anderen Kindern. Eine Umgebung, die Platz für eigene Projekte und unterschiedlichste Materialien bereitstellt, unterstützt die Bildungsprozesse.

Um Kinder in ihren aktuellen Bildungsprozessen begleiten zu können, benötigen pädagogische Fachkräfte Zeit, die Tätigkeiten der Kinder systematisch zu beobachten und mit Kindern, Eltern und ihren Kolleginnen und Kollegen zu besprechen. Nur so lassen sich die verschiedenen Aspekte individualisierter Bildungsanregungen für jedes Kind herausfinden.

Ressourcenorientierte Beobachtung von Kindern stellt die individuellen Stärken jedes Kindes in den Mittelpunkt. Das Bewusstsein über das eigene Können und die Erfahrung, angemessene Herausforderungen bewältigen zu können, stärken das Selbstvertrauen und die Selbstwirksamkeitserfahrung jedes Kindes. Dies sind wichtige Grundlagen für das Wohlbefinden eines Kindes und seine Widerstandsfähigkeit im Sinne der Salutogenese.

Die systematische Beobachtung des Wohlbefindens und der Entwicklung jedes Kindes kann die pädagogischen Fachkräfte und die Familien der Kinder auf mögliche besondere Bedürfnisse des Kindes aufmerksam machen und somit zu einer Stärkung von Gesundheit beitragen.

Schließlich unterstützt der intensivierte Austausch die Beziehung zwischen Kindertageseinrichtung, dem Kind und seiner Familie und trägt so zu einer besseren Zusammenarbeit und der gemeinsamen Unterstützung des Kindes bei.

Mögliche Qualitätsmerkmale	Schlüsselindikatoren (Beispiele)
Das ressourcenorientierte Beobachten und Dokumentieren wird als Grundlage der Bildungs- und Entwicklungsbegleitung verstanden.	• Ziele und Verfahren der Beobachtung und Dokumentation werden im Team abgestimmt und sind in der pädagogischen Konzeption beschrieben. • Beobachtungen und Dokumentationen orientieren sich in erster Linie an den Ressourcen, Leistungen und Fortschritten der Kinder. • Im Fokus der systematischen Beobachtungen stehen sowohl individuelle Bildungsprozesse jedes Kindes als auch Entwicklungsfortschritte und -besonderheiten sowie das Wohlbefinden jedes Kindes. • Darüber hinaus werden die Interaktion in der Kindergruppe, die Raumgestaltung und durchgeführte Projekte regelmäßig beobachtet und ausgewertet.
Das Beobachten und Dokumentieren ist fest in die alltäglichen Abläufe eingeplant.	• Ein im Team abgestimmtes Verfahren ermöglicht den Fachkräften das ungestörte systematische Beobachten. • Systematische Beobachtungen werden regelmäßig ausgewertet und mit den Kolleginnen und Kollegen besprochen. Dafür ist ausreichend Zeit eingeplant. • Die Erzieherinnen und Erzieher haben die Möglichkeit, verschiedene Methoden systematischer Beobachtung von Kindern verschiedener Altersstufen ausführlich kennenzulernen und in der Praxis einzuüben.

Das Beobachten findet im Austausch mit den Kindern und ihren Eltern statt.	• Für das Beobachten erfragen die pädagogischen Fachkräfte das Einverständnis der Kinder. Sie respektieren, wenn Kinder in bestimmten Situationen nicht beobachtet werden möchten. • Die Ergebnisse der Beobachtungen werden zur Reflexion der eigenen Arbeit, zur Planung von pädagogischen Angeboten sowie für den Austausch mit den Kindern und mit den Familien genutzt. • Die Ergebnisse der Beobachtungen werden in einem angemessenen Umfang dokumentiert und Kindern und Eltern zugänglich gemacht.

3.5 Ressourcen der Kinder stärken und Partizipation fördern

Ein positives Selbstbild und hohe Selbstwirksamkeitserwartungen sind grundlegend für psychische Gesundheit und Wohlbefinden und ein aktives Zugehen auf die Welt. Deshalb ist es ein zentraler pädagogischer Grundsatz, an den Stärken von Kindern anzusetzen und es ihnen zu ermöglichen, sich in Gestaltungs- und Entscheidungsprozesse gemäß ihres Entwicklungsstandes und ihrer Interessen einzubringen. So wird die kindliche Persönlichkeitsentwicklung – verstanden als Zusammenspiel von Individuation und Sozialisation[114] – im Kontext der alltäglichen pädagogischen Arbeit unterstützt.

Mögliche Qualitätsmerkmale	Schlüsselindikatoren (Beispiele)
Die pädagogischen Fachkräfte stärken die Stärken und Ressourcen der Kinder.	• Die pädagogischen Fachkräfte nehmen die Stärken und Ressourcen jedes Kindes wahr und spiegeln sie den Kindern. • Die pädagogischen Fachkräfte ermutigen die Kinder, ihre Stärken und Fähigkeiten in die Kindergemeinschaft einzubringen. • Die pädagogischen Fachkräfte unterstützen die Kinder bei der Verwirklichung von selbstgewählten Vorhaben und ermutigen sie, bei Misserfolgen nicht aufzugeben.
Jedes Kind wird herausgefordert, aber nicht überfordert. Es kann sich innerhalb seiner individuellen »Zone der nächsten Entwicklung«[115] bewegen.	• Die Erzieherinnen und Erzieher erwarten von keinem Kind etwas, das es (noch) nicht kann. • Beobachtungen führen zu einer individuellen Wahrnehmung des Kindes und seines Bildungsprozesses und folglich zu »individuellen Curricula«. • Projekte, Angebote sowie Raum- und Materialgestaltung, aber auch Aufsicht und Kontrolle orientieren sich an den individuellen Voraussetzungen, den aktuellen Interessen und Themen der Kinder und bieten neue Herausforderungen.
Die Kinder werden bei allen Fragen, die sie betreffen, ihrem Alter angemessen beteiligt.	• Die pädagogischen Fachkräfte lassen die Kinder so oft wie möglich selbst wählen (z. B. den Sitzplatz am Esstisch, rausgehen oder drinbleiben). • Die pädagogischen Fachkräfte ermutigen die Kinder, ihre Meinung und ihre Wünsche zu Angeboten, Raumgestaltung und Regeln zu äußern und berücksichtigen diese. • In der Kindertageseinrichtung gibt es erprobte Verfahren, um die Kinder zu beteiligen (Kinderparlament, Abstimmungen ...).
Die Mitwirkung der Kinder und das Übernehmen von Verantwortung haben einen hohen Stellenwert.	• Die Materialien in der Einrichtung sind den Kindern frei zugänglich, sofern im Einzelfall nicht Sicherheitsaspekte dagegen sprechen. • Die pädagogischen Fachkräfte respektieren Regeln, die zwischen Kindern ausgehandelt werden. • Die Kinder können sich zeitweise und nach Absprache auch an Orten aufhalten, an denen keine Erzieherin oder kein Erzieher anwesend ist.

114 Damon 1990
115 vgl. Wygotski 1987

4.1 Transparente und demokratische Einrichtungskultur

Die Kindertageseinrichtung gilt als »Kinderstube der Demokratie«.[116] Wie unter einem Brennglas werden hier demokratische Strukturen und Prinzipien in einem überschaubaren und sinnhaften Rahmen für die Kinder, aber auch für alle weiteren Akteure erfahr- und gestaltbar. Regeln, Abläufe und Entscheidungen sollten in ihrer Entstehung transparent gemacht werden, auf der Basis demokratischer Meinungsbildung gründen und potenziell verändert werden können. Alle Akteure haben die Chance, eigene Wünsche, Kritikpunkte und Ideen einzubringen.

Mögliche Qualitätsmerkmale	Schlüsselindikatoren (Beispiele)
Der Alltag in der Einrichtung orientiert sich am Ziel eines demokratischen Zusammenlebens.	• Die Interessen von Kindern, Eltern, pädagogischen Fachkräften, sonstigen Mitarbeiterinnen und Mitarbeitern und der Leitungskraft werden sichtbar gemacht und fließen in Entscheidungs- und Entwicklungsprozesse ein. • Alle Beteiligten übernehmen im Rahmen ihrer Möglichkeiten Verantwortung für das gemeinsame Leben. • Chancengleichheit und Gendersensibilität sind nicht nur Bestandteil der pädagogischen Konzeption, sondern ebenso gelebte Praxis.
In der Kindertageseinrichtung sind Abläufe und Entscheidungen für alle nachvollziehbar.	• Bei anstehenden Entscheidungen oder Veränderungen ist die frühzeitige Information aller betroffenen Gruppen eine Selbstverständlichkeit. • Abläufe und Entscheidungsstrukturen sind allen bekannt und werden neuen Eltern und Mitarbeiterinnen und Mitarbeitern erläutert. • Abläufe und Entscheidungsstrukturen werden regelmäßig hinterfragt und auf die pädagogische Sinnhaftigkeit und die Funktionalität hin überprüft.
Leitung und Team wirken auf zielführende Entscheidungsprozesse und ein aktives gegenseitiges Informationsverhalten hin.	• Kolleginnen und Kollegen werden möglichst frühzeitig über alle Ereignisse informiert, die für sie von Bedeutung sein könnten. • Die Regeln der Entscheidungsfindung in Angelegenheiten, von denen alle Mitarbeiterinnen und Mitarbeiter betroffen sind, werden gemeinsam festgelegt. • Die Grundsätze der Dienstplangestaltung werden im Team gemeinsam mit allen Beteiligten festgelegt.
Die Berücksichtigung der Belange und Wünsche der Eltern ist sichergestellt.	• Die Öffnungszeiten der Einrichtung werden am systematisch erhobenen Bedarf der Familien im Umfeld des Einzugsbereichs der Einrichtung festgelegt. • Zufriedenheit, Bedarfe und Anregungen von Eltern werden regelmäßig abgefragt und berücksichtigt. • Die pädagogischen Grundsätze der Einrichtungskonzeption werden mit den Eltern regelmäßig diskutiert.
Die Eltern sind an der Weiterentwicklung der Einrichtung beteiligt.	• Die Eltern arbeiten aktiv in den Gremien der Einrichtung (Elternversammlung, Elternbeirat, Rat der Kindertageseinrichtung) mit. • Die Elternvertretung wird als willkommener Kooperationspartner betrachtet, frühzeitig informiert und in anstehende Entscheidungen bereits im Vorfeld einbezogen. • Die Beteiligung von Eltern am Geschehen in der Einrichtung ist willkommen.

116 vgl. Hansen u. a. 2009

4.2 Bildungs- und Erziehungspartnerschaft mit den Familien der Kinder

Eltern sind die wichtigsten Bezugspersonen für Kinder, und die Erfahrungen, die Kinder in ihren Familien machen, beeinflussen die kindliche Entwicklung in besonderer Weise. Bildungs- und Gesundheitsförderung in Kindertageseinrichtungen kann deshalb nur im Kontakt und in Kooperation mit den Eltern gelingen. Kinder profitieren außerdem besonders dann von der familienergänzenden Betreuungs- und Bildungsumwelt, wenn es positive Verbindungen zwischen den Lebensbereichen gibt. Der Aufbau einer respektvollen und wertschätzenden Beziehung zu den Familien und die Gestaltung einer partnerschaftlichen Zusammenarbeit liegen dabei in der Verantwortung der professionellen pädagogischen Fachkräfte.

Mögliche Qualitätsmerkmale	Schlüsselindikatoren (Beispiele)
Die partnerschaftliche Zusammenarbeit mit den Familien hat einen ebenso hohen Stellenwert wie die pädagogische Arbeit mit den Kindern.	• Die Belange und Bedürfnisse der Eltern sind bedeutsame Bezugspunkte in der Arbeit der Kindertageseinrichtung. • Die Familien der Kinder werden von den pädagogischen Fachkräften als die wichtigsten Bezugspersonen der Kinder uneingeschränkt anerkannt. • Die pädagogischen Fachkräfte pflegen eine achtungs- und vertrauensvolle Beziehung zu den Eltern der Kinder.
Die pädagogischen Fachkräfte pflegen einen respektvollen und wertschätzenden Umgang mit den Eltern, Geschwistern und sonstigen Bezugspersonen der Kinder.	• Die Familien aller Kinder werden freundlich begrüßt und angesprochen. • Familien haben grundsätzlich Zugang zu allen Räumen der Kindertageseinrichtung, in denen sich ihre Kinder aufhalten. Pädagogisch begründete Ausnahmen werden mit den Eltern abgestimmt. • Mit und von den Familien der Kinder wird stets respektvoll gesprochen.
Die Familien der Kinder sind im Alltag der Kindertageseinrichtungen präsent.	• Beim Bringen und Abholen der Kinder können sich die Eltern die Zeit nehmen, die sie und ihr Kind als angemessen empfinden. • Von jedem Kind werden nach Möglichkeit Fotos der Familie aufgehängt. • Die Familien werden eingeladen, Dinge, Geschichten, Wörter, Lieder ... aus ihrer Familienkultur in den Kita-Alltag einzubringen. • Kompetenzen von Eltern werden – wenn möglich – einbezogen, z. B. für die Beteiligung an Veranstaltungen (Feste, Ferienfreizeiten), Gestaltung der Räume der Einrichtung und ihres Außengeländes, Durchführung bestimmter Angebote auf der Basis von Honorarverträgen u. ä.
Die pädagogischen Fachkräfte stehen in einem engen und vertrauensvollen Austausch mit den Eltern.	• Die pädagogischen Fachkräfte tauschen sich regelmäßig mit den Eltern über die Gesundheit und das aktuelle Befinden, die aktuellen Bedürfnisse und die Themen der Kinder aus und berücksichtigen diese bei der Gestaltung des Alltages. • Die pädagogischen Fachkräfte nehmen sich regelmäßig und nach Bedarf Zeit für ausführliche Gespräche mit den Eltern zur Entwicklung und Bildung ihrer Kinder sowie zu Erziehungsfragen. • Die pädagogischen Fachkräfte gehen auf Sorgen, Ängste und Befürchtungen der Eltern sensibel und empathisch ein.
Alle Informationen werden leicht verständlich präsentiert und sind allen Eltern zugänglich.	• Die pädagogischen Fachkräfte stimmen mit den Eltern ein geeignetes Informationsverfahren ab (Aushänge, E-Mail Verteiler, Elternbriefe ...). • Die pädagogischen Fachkräfte sorgen dafür, dass Informationen für Familien, die kein Deutsch verstehen, übersetzt werden. Wichtige Informationen liegen auch in den Erstsprachen von Familien mit Migrationshintergrund vor. • Die pädagogischen Fachkräfte informieren die Familien regelmäßig über die aktuellen Telefonnummern, Ansprechpartnerinnen und -partner und Sprechzeiten und richten diese am Bedarf der Eltern aus.

In der Kindertageseinrichtung gibt es verschiedene Angebote für Eltern, die zur Gesundheit und zum Wohlbefinden von Kindern und ihren Familien beitragen.	• Die pädagogischen Fachkräfte bieten zu verschiedenen pädagogischen Themen Informationen und Austausch an (z. B. Trocken werden, Trotzphase, Geschwisterbeziehungen ...). • Die Eltern werden regelmäßig zu ihren Themenwünschen und bevorzugten Zeiten befragt. • Die Einrichtung baut Kooperationen auf, um verschiedene Gesundheits- und Bewegungsangebote für Familien anbieten zu können.
Die Kindertageseinrichtung ist Treffpunkt und Informationsort für Eltern.	• Die Einrichtung hält für Eltern deutlich sichtbar und leicht zugänglich Informationen über Bildungs-, Kultur- und Freizeitangebote im nahen Umfeld bereit. • In der Einrichtung gibt es Informationen zu Beratungs- und Unterstützungsangeboten für Eltern. • In der Einrichtung gibt es einen Ort für den Austausch der Eltern untereinander (z. B. Elternecke, Elterncafé ...).

4.3 Gestaltung von Übergängen und Kooperation mit der Grundschule

Übergänge werden heute als Transitionen, als »komplexe, ineinander übergehende und sich überblendende Wandlungsprozesse« verstanden.[117] Die Diskontinuität, die mit Übergängen einhergeht, bringt für alle am Übergangsprozess Beteiligten Veränderungen auf der individuellen, der Beziehungs- und der Ebene der Lebensumwelten mit sich. Die Kita als ein beteiligter Lern- und Lebensort – sowohl beim Übergang eines Kindes von der Familie in die Kita als auch beim Übergang von der Kita in die Grundschule – hat die Aufgabe, Übergänge so zu gestalten, dass sie von den beteiligten Kindern und Eltern als bewältigbar erlebt werden. Sie trägt damit dazu bei, dass Kinder und Eltern den Transitionsprozess als weniger stresshaft erleben, gestärkt daraus hervorgehen und die erfolgreiche Bewältigung des Übergangs als zukünftige Entwicklungsressource verfügbar wird.

Mögliche Qualitätsmerkmale	Schlüsselindikatoren (Beispiele)
Übergänge der Kinder von der Familie in die Kindertageseinrichtung, innerhalb der Einrichtung und von der Einrichtung in die Schule werden bewusst gestaltet.	• Alle pädagogischen Fachkräfte in der Kindertageseinrichtung kennen die Bedeutung von Übergängen für die Kinder. • In der Einrichtung gibt es begründete Konzepte für die Gestaltung der Übergänge, die allen bekannt sind und regelmäßig überprüft werden. • Alle Übergänge der Kinder werden in enger Kooperation mit den Eltern und den anderen Beteiligten gestaltet.
Jede Eingewöhnung eines Kindes wird bestmöglich vorbereitet.	• Den Eltern werden vor Aufnahme des Kindes über den Ablauf der Eingewöhnung ausführlich informiert. • Die pädagogischen Fachkräfte informieren sich vor Beginn der Eingewöhnung über die Gewohnheiten, Vorlieben und Besonderheiten des Kindes und erfragen Wünsche der Eltern. • Während der Zeit der Eingewöhnung planen die Fachkräfte ausreichend Zeit für Gespräche mit den Eltern ein.
Der Ablauf einer Eingewöhnung ist an den Bedürfnissen des jeweiligen Kindes ausgerichtet.	• Die Dauer einer Eingewöhnung wird ganz allein von den Bedürfnissen des Kindes bestimmt. • Die Fachkräfte bemühen sich, die Bedürfnisse des Kindes im Alltag bestmöglich zu erfüllen und überprüfen unter diesem Gesichtspunkt Alltagsroutinen und Materialangebot. • Für die Zeit der Eingewöhnung sind die Fachkräfte von anderen Verpflichtungen freigestellt, so dass eine zuverlässige Bindung wachsen kann.
Der Übergang in die Schule wird langfristig vorbereitet.	• Die Eltern der Kinder werden frühzeitig über die Bedeutung des Übergangs in die Schule für die Kinder informiert. • Die Kinder gestalten aktiv die Verabschiedung der Schulkinder im Jahr vor ihrem eigenen Schuleintritt mit. • Die Vorstellungen, Wünsche und Befürchtungen der Kinder in Bezug auf die Schule werden von den pädagogischen Fachkräften mit verschiedenen Mitteln aufgegriffen. • In Zusammenarbeit mit den Lehrkräften an den Grundschulen werden Aktivitäten durchgeführt, die geeignet sind, Ängste und Unsicherheiten bei den Kindern abzubauen (z. B. wechselseitige Hospitationen und Besuche, gemeinsame Aktivitäten von Kindergartenkindern und Erstklässlern, Unterstützungs- und Patensysteme).

117 Griebel & Niesel 2004, S. 35

Abschiede werden mit Ritualen und individuellen Aktivitäten begangen.	• Jeder Abschied von Kindern und Eltern wird bewusst und liebevoll gestaltet. • In der Kindergruppe gibt es Rituale für die Gestaltung von Abschieden. • Jedes Kind wird individuell verabschiedet.
Die Kindertageseinrichtung arbeitet mit den aufnehmenden Grundschulen in der Umgebung zusammen.	• Die pädagogischen Fachkräfte kennen die zuständigen Grundschulen in der Umgebung der Kindertageseinrichtung. • Es finden regelmäßige Kooperationstreffen zwischen den Schulen und den Kindertageseinrichtungen statt. • Die pädagogischen Fachkräfte nehmen nach Möglichkeit Kontakt mit den zukünftigen Lehrkräften der Kinder auf und entwickeln Aktivitäten zur Begleitung des Übergangs.

4.4 Öffnung in den Sozialraum

Der Sozialraum, in dem Kinder und Familien leben, wirkt durch die Zusammensetzung der dort lebenden Menschen und ihre Bedarfe, regionale Traditionen, die Mitwirkung von Eltern und anderen interessierten Personen und durch die bestehende Infrastruktur im Umfeld der Einrichtung in die Kindertageseinrichtung hinein und beeinflusst deren pädagogische Ausrichtung und Qualität. Umgekehrt sind Kindertageseinrichtungen auch aktive Gestalter im Sozialraum, wenn sie ihre Arbeit bekannt machen, sich bei Stadtteilfesten und anderen Gelegenheiten engagieren und mit anderen pädagogischen, psychosozialen und Gesundheitsdiensten im Umfeld Kontakte pflegen oder kooperieren. Werden beide Perspektiven berücksichtigt, können Aktivitäten und Angebote besser aufeinander abgestimmt werden, so dass Doppelungen vermieden werden, eine Erweiterung der Handlungs- und Erfahrungsmöglichkeiten von Kindern sowie eine effektivere Nutzung von Bildungs- und Gesundheitsressourcen erreicht wird. Sozialraumorientierung hat in diesem Sinne ein Doppelmandat:[118] die Entwicklung der Adressaten zu unterstützen und Barrieren im Sozialraum zu identifizieren und abzubauen.

Die Formen kindlicher Lebensweltaneignung »... hängen wesentlich davon ab, ob und wie Kinder sich in diesem Sozialraum einfühlen, ihn erleben und mitgestalten können und wie sie den Umgang ihrer Bezugspersonen mit dem Lebensumfeld erleben«.[119] Räume, Aktivitäten und Angebote der Kindertageseinrichtung sollten unter aktiver Beteiligung der Akteure im Lebensumfeld geplant und gleichzeitig an ihren Bedürfnissen ausgerichtet werden.

Mögliche Qualitätsmerkmale	Schlüsselindikatoren (Beispiele)
Die Fachkräfte kennen die sozialen Gegebenheiten im Einzugsbereich der Einrichtung.	• Die Fachkräfte kennen das Wohnumfeld der Einrichtung, in der sie arbeiten, und die Orte, an denen sich Kinder und Familien aufhalten. • Die Fachkräfte kennen die für Familien wichtige Infrastruktur im Umfeld (z. B. Büchereien, Familienbildungsstätten, Ärzte, Gesundheitsdienste, Spielplätze, Vereine, Beratungsstellen). • Sie können Eltern auf bestehende Angebote im näheren Umfeld der Einrichtung hinweisen.
Die Einrichtung kooperiert mit anderen Kindertageseinrichtungen und mit Anbietern verschiedener Leistungen für Kinder und Familien.	• Es gibt eine Liste aller relevanten Personen und Institutionen, mit denen die Einrichtung kontinuierlich zusammenarbeitet (mit den Namen der Ansprechpartner, ihrem Verantwortungsbereich, mit Adressen und Telefonnummern). • Kooperationspartner passen zu dem pädagogischen Konzept der Einrichtung. • Sinn, Umfang und Nutzen der jeweiligen Kooperation sind weitgehend geklärt. • Es gibt innerhalb des Teams bestimmte Ansprechpartnerinnen und -partner und klare Absprachen über Aufgaben und Verantwortlichkeiten sowie über Art und Umfang der jeweiligen Kooperationen.
Kindertageseinrichtungen, die ein Familienzentrum aufbauen oder bereits aufgebaut haben, arbeiten eng mit verschiedenen Anbietern zusammen.	• Die pädagogischen Fachkräfte informieren sich regelmäßig über die Angebote des Familienzentrums und geben diese Informationen an die Eltern weiter. • Die Einrichtung hat Kontakt zu Personen bzw. Institutionen im medizinischen bzw. therapeutischen Bereich und bietet Räumlichkeiten für regelmäßige Sprechstunden an.

118 vgl. Kobelt-Neuhaus & Refle 2013, S. 12
119 vgl. Kobelt-Neuhaus & Refle 2013, S. 13

4.5 Gesundheitsförderliches Einrichtungsklima

Gesundheitsförderung in Kindertageseinrichtungen setzt im Alltag an, und die gute gesunde Kita erkennt man auch an den Lebens- und Arbeitsbedingungen in der Einrichtung: den Räumlichkeiten, der Qualität der alltäglichen Abläufe und den dort üblichen Kommunikations- und Umgangsformen. Diese Umweltfaktoren wirken sich auf subtile Weise auf das emotionale Wohlbefinden bzw. das Belastungserleben, die Stimmungslage sowie auf den Aktivitätsgrad und die Leistungsbereitschaft und -fähigkeit von Erwachsenen und Kindern aus. Oft können schon geringe und kostengünstige Veränderungen in Verhaltensweisen oder Abläufen zu deutlichen Verbesserungen führen.

Mögliche Qualitätsmerkmale	Schlüsselindikatoren (Beispiele)
Der Alltag in der Einrichtung ist durch ein Klima geprägt, in dem sich alle wohl fühlen.	• Die Kommunikation zwischen Fachkräften, Eltern und Kindern ist freundlich und respektvoll. • Kooperation wird als wichtiger Aspekt des Arbeitsalltags angesehen und gelebt. • Alle Räumlichkeiten sind einladend gestaltet und in einem gepflegtem Zustand. • In der Einrichtung herrschen stets angenehme und den jeweiligen Aktivitäten entsprechende Lichtverhältnisse.
In der Kindertageseinrichtung wird für angenehme räumliche Bedingungen gesorgt.	• Der Geräuschpegel in der Einrichtung ist ständig niedrig. • Alle Räumlichkeiten werden mehrmals täglich gelüftet. • Alle Räumlichkeiten werden täglich gereinigt und aufgeräumt.
Absprachen sind von Verlässlichkeit als Zeichen des gegenseitigen Respekts geprägt.	• Termine und Sprechzeiten werden von den pädagogischen Fachkräften und von den Eltern eingehalten. • Die pädagogischen Fachkräfte können ihre geplanten Arbeitszeiten einhalten. • Mit den Kindern vereinbarte Aktivitäten finden verlässlich statt.
Die Arbeit in der Einrichtung ist so strukturiert, dass für niemanden Zeitdruck entsteht.	• Die Erzieherinnen und Erzieher setzen kein Kind unter Zeitdruck. • Die Erzieherinnen und Erzieher werden selbst nicht unter Zeitdruck gesetzt. • Um zeitlichen Druck beim Bringen und Abholen zu verringern, werden gemeinsam mit den Eltern Unterstützungsmöglichkeiten entwickelt (z. B. Zusammenarbeit mit Tagesmüttern, Babysitterbörse ...).
Das Engagement und die geleistete Arbeit aller werden gewürdigt und wertgeschätzt.	• Die pädagogischen Fachkräfte erhalten positive Rückmeldungen von der Einrichtungsleitung. • Die Arbeit der sonstigen Mitarbeiterinnen und Mitarbeiter (Reinigungskräfte, Köchinnen und Köche, Küchenfachkräfte, Haushaltskräfte ...) wird wahrgenommen und gewürdigt. • Das ehrenamtliche Engagement von Eltern wird wahrgenommen und angemessen gewürdigt.

Positive Rückmeldungen sind fester Bestandteil des Alltags.	• Es finden regelmäßig soziale Veranstaltungen für alle Mitarbeiterinnen und Mitarbeiter wie Feiern oder Betriebsausflüge statt, die förderlich für das Betriebsklima sind. • Kinder, Erzieherinnen und Erzieher erfahren Bestätigung und haben Erfolgserlebnisse. • Die pädagogischen Fachkräfte versuchen, den Eltern täglich von beobachteten Ressourcen und Erfolgserlebnissen der Kinder zu berichten. • Bei der Erhebung von der Zufriedenheit der Eltern mit der Kita wird auch nach positiven Einschätzungen gefragt.

5.1 Einrichtungsleitung

Leitungskräfte sind Schlüsselfiguren für die Qualität und Qualitätsentwicklung in der Kindertageseinrichtung. Sie tragen Verantwortung für einen geregelten Betriebsablauf, aber vor allen Dingen für die Personal- und Teamentwicklung, die fachliche wie konzeptionelle Weiterentwicklung und die Herausbildung eines pädagogischen Profils und Wertekerns. Das Leitungshandeln und die hieraus entstehenden Impulse tragen maßgeblich zur Ausgestaltung und Qualität des Bildungsangebots und ebenso zu einem Gesundheitsbewusstsein und zur Implementierung gesundheitsförderlicher Strukturen und Prozesse bei.

Mögliche Qualitätsmerkmale	Schlüsselindikatoren (Beispiele)
Die Leitung sorgt für verlässliche und klare Abläufe in der Einrichtung.	• In der Einrichtung ist ein Sicherheit vermittelnder Umgang mit Zeitstrukturen und -vorgaben üblich. • Der Informationsfluss ist sichergestellt – auch bei zeitweiliger Abwesenheit (z. B. Krankheit). • Mängel werden umgehend erkannt und behoben. • Entscheidungen sind transparent, verbindlich und nachhaltig. • Leitungsverständnis und Leitungshandeln sind kooperativ. • Dinge, die eine bestimmte Mitarbeiterin oder/einen bestimmten Mitarbeiter betreffen, werden nicht im Beisein von anderen verhandelt.
Die Leitung fühlt sich für die Weiterentwicklung der Einrichtung verantwortlich und treibt sie voran.	• Die Leitung ist in der Lage, fachliche Visionen für die Einrichtung und für sich selbst zu entwerfen. • Die Leitung hat klare Vorstellungen von ihren mittelfristigen Zielen. • Sie sucht einen tragfähigen Konsens mit Team und Träger hinsichtlich zentraler pädagogischer Werte und Ziele.
Die Leitung sorgt für die eigene fachliche Weiterqualifikation.	• Die Leitungskraft ist an den fach- und berufspolitischen Fragen ihres Berufsstandes interessiert. • Sie nimmt regelmäßig an Arbeitskreisen für Leitungskräfte teil.

5.2 Aufgaben- und Kompetenzverteilung/Organisation der Zusammenarbeit/Personaleinsatz

Ein gut funktionierendes Team zeichnet sich dadurch aus, dass sich die Mitglieder in ihren spezifischen Kompetenzprofilen ergänzen und Unterschiedlichkeit nicht vorrangig als Bedrohung und Konkurrenz, sondern als Bereicherung und Ansporn zu eigener Weiterentwicklung wahrgenommen wird. Dies gelingt, wenn die Aufgaben- und Kompetenzverteilung transparent ist und in einem partizipativen Prozess vorgenommen wird, die Zusammenarbeit durch Information und Kommunikation gestützt ist und jede/r sich mit seinen Stärken, Anliegen und Fragen angemessen einbringen kann. Ein solches Verständnis multiprofessioneller Teams stärkt die Kindertageseinrichtung nicht nur im Hinblick auf ein breites und anspruchsvolles pädagogisches Angebot, sondern auch das Zugehörigkeits- und Kohärenzgefühl sowie die Zufriedenheit von Mitarbeiterinnen und Mitarbeitern.

Mögliche Qualitätsmerkmale	Schlüsselindikatoren (Beispiele)
Die Verteilung der Aufgaben ist klar geregelt.	• Die Leitung ist um eine klare und faire Aufgabenverteilung bemüht. • Die Aufgabenverteilung berücksichtigt die Arbeitsfähigkeit der Beschäftigten. • Kompetenzen und Entscheidungsstrukturen bei der Verteilung der Aufgaben sind geklärt und für alle transparent. • Die Leitung delegiert so viele Aufgaben wie möglich und gibt der jeweiligen Fachkraft Entscheidungsbefugnisse.
Die Qualifikationen der einzelnen Mitarbeiterinnen und Mitarbeiter sind breit gestreut und werden gezielt ergänzt.	• Im Team sind unterschiedliche Zusatzqualifikationen vorhanden. • Im Team sind Mitarbeiterinnen und Mitarbeiter mit unterschiedlichen fachlichen Schwerpunkten und Interessen. • Im Team sind Mitarbeiterinnen und Mitarbeiter mit unterschiedlich langer Berufserfahrung.
Die Mitarbeiterinnen und Mitarbeiter können ihre Stärken und ihre Ideen in die pädagogische Arbeit einbringen.	• Die Teammitglieder können bei der gemeinsamen Planung und Durchführung der pädagogischen Arbeit ihre jeweiligen Interessen und Stärken einbringen. • Wechselseitige kollegiale Beratung findet regelmäßig statt.
Die Belange der Beschäftigten werden beim Personaleinsatz und bei der Dienstplangestaltung so weit wie möglich berücksichtigt.	• Die Arbeitszeiten und der (hauptsächliche) Arbeitsort des Personals sind in Schriftform vereinbart. • Wünsche und Erwartungen der Fachkräfte an die Dienstplangestaltung werden erfragt und nach Möglichkeit berücksichtigt. • Bei Interessenkollisionen werden in offener Weise konstruktive Lösungen gesucht. • Es wird regelmäßig (mindestens einmal im Jahr) geprüft, ob die Dienstplangestaltung noch den Bedürfnissen und Erfordernissen der Kinder, Eltern und Mitarbeiterinnen und Mitarbeiter entspricht.
Arbeitsplatzbeschreibungen	• Die Aufgaben des Personals sind vertraglich in Schriftform vereinbart (Arbeitsplatzbeschreibungen). • Die Angemessenheit der Arbeitsplatzbeschreibungen und ggf. Notwendigkeiten der Weiterentwicklung werden in regelmäßigen Abständen reflektiert.

5.3 Zusammenarbeit im Team/Teamkultur

Unter Professionalität frühpädagogischer Fachkräfte-Teams ist der kritisch-diskursive, fachlich fundierte Austausch über pädagogische Grundorientierungen, die fortwährende Überprüfung und Reflexion von Erfahrungswissen und ein diversitätssensibler und auf Anerkennung beruhender Umgang der Fachkräfte miteinander zu verstehen.[120] Damit die Zusammenarbeit im Team gut funktioniert und im Sinne der Organisationsziele, aber auch der Gesundheit und persönlichen Weiterentwicklung der Mitarbeiterinnen und Mitarbeiter zufriedenstellend verläuft, gilt es, eine Teamkultur zu schaffen, in der sich zum einen alle Kolleginnen und Kollegen aufeinander verlassen können, zugehörig und akzeptiert fühlen sowie Problemsituationen gemeinsam bewältigen (Zugehörigkeitsgefühl), und in der zum anderen berufliche Anforderungen strukturiert, vorhersehbar und erklärbar sind, die notwendigen Ressourcen zur Verfügung stehen und es sich lohnt, die Anforderungen als Herausforderungen anzunehmen und zu bewältigen (Kohärenzgefühl).

Mögliche Qualitätsmerkmale	Schlüsselindikatoren (Beispiele)
Strukturierte und verbindliche Formen der Zusammenarbeit sind im Team etabliert.	• Teamsitzungen werden zur Sicherstellung und Weiterentwicklung des laufenden Betriebs (Informationsfluss, Vertretungsregelung, Aufgabenverteilung etc.) genutzt. Absprachen sind klar und verbindlich. • Teambesprechungen werden genutzt, um die Arbeit inhaltlich, z. B. hinsichtlich der Entwicklung einzelner Kinder, der Zusammenarbeit mit den Eltern, der Schule, dem Träger und anderen Institutionen oder bezogen auf die Öffentlichkeitsarbeit etc. zu reflektieren. • In regelmäßigen Abständen reflektieren die Mitarbeiterinnen und Mitarbeiter, ob sie mit den Inhalten und dem Verlauf der Teamsitzungen noch einverstanden sind.
Die Zusammenarbeit zwischen den pädagogischen Fachkräften ist kooperativ und wird kontinuierlich reflektiert.	• Die Fachkräfte verstehen und verhalten sich als Team. • Die pädagogischen Fachkräfte unterstützen sich gegenseitig in schwierigen Situationen und bieten sich gegenseitigen Rückhalt. • Die pädagogischen Fachkräfte sprechen offen über Probleme und Schwierigkeiten in der Arbeit und suchen gemeinsam nach Lösungen.
Die pädagogischen Fachkräfte stellen die Basis der gemeinsamen Arbeit beständig neu her.	• Das Team sucht eine möglichst enge Abstimmung in konzeptionellen Grundfragen, jedes Teammitglied hat jedoch Freiraum bei der Ausgestaltung seiner pädagogischen Arbeit. • Der konstruktive Diskurs über pädagogische Orientierungen und Werte ist erwünscht und wird unter den Kolleginnen und Kollegen geführt. In Teamsitzungen und/oder Inhouse-Fortbildungen sind Zeiten hierfür eingeplant.
Die Zusammenarbeit stärkt und entlastet die Mitarbeiterinnen und Mitarbeiter. Dem Team sind die Grenzen der Belastbarkeit bewusst (Bedeutung von Gesundheitsförderung und Prävention, Vermeidung von Burn-Out).	• Die Arbeitsbelastung der einzelnen Teammitglieder entspricht den individuellen Möglichkeiten. • Wahrgenommene Anzeichen von Überbelastung und Burn-Out werden den Betreffenden zurückgemeldet.

120 vgl. Alberti 2013

5.4 Zusammenarbeit mit dem Träger

Träger stellen den ideellen, organisatorischen und finanziellen Rahmen bereit, in dem Kindertageseinrichtungen sich zu guten und gesunden Institutionen entwickeln. Je nachdem, wie verlässlich, transparent und wertschätzend sich die Zusammenarbeit gestaltet, kann diese als Ressource genutzt oder als zusätzliche Belastung empfunden werden.

Mögliche Qualitätsmerkmale	Schlüsselindikatoren (Beispiele)
Die Leitung ist in Verwaltungsaufgaben einbezogen, wird dabei aber auch entlastet.	• Die Einrichtungsleitung verfügt über die erforderlichen Kenntnisse und Fähigkeiten in Fragen der Betriebsführung. • Die Leitung wirkt bei der Verwaltung mit, insbesondere bei der Verwendung der finanziellen Mittel. • Es gibt eine klare Organisation von Arbeitsabläufen (Dienstplangestaltung, Raumnutzung, Zugriff auf Dokumente und Literatur). • Die Vertretungsregelungen sind transparent.
Die Zusammenarbeit mit dem Träger ist verlässlich und transparent.	• Zuständigkeiten und Verantwortlichkeiten sind zwischen Träger, Leitung und Team geklärt. • Eine ständige wechselseitige Information zwischen Träger, Team und Leitung ist sichergestellt.
Die Leitung ist am Personalmanagement beteiligt.	• Die Einrichtungsleitung ist an Stellenausschreibungen und Einstellungsgesprächen beteiligt. • Die Fachkräfte werden in sie betreffende Entscheidungen möglichst frühzeitig einbezogen.
Die konzeptionelle Weiterentwicklung erfolgt nicht top-down, sondern partizipativ und beteiligungsorientiert.	• Die Konzeption und die Einrichtungsziele werden in Kooperation zwischen Leitung, Team und Träger und im Austausch mit den Eltern weiterentwickelt. • Bei Konflikten oder Problemen werden die Fachkräfte von der Leitung und ggf. Fachberaterinnen und -beratern unterstützt.

5.5 Prävention und Gesundheitsförderung als Führungsaufgabe

Gesundheit und Sicherheit sind zentrale Ziele der guten gesunden Kita. Es gehört somit zu den genuinen Führungsaufgaben, über diese Ziele und Wege der Zielerreichung einen Konsens herzustellen und die eigene Gesundheit ebenso wie die Gesundheit und das Gesundheitsverhalten von Mitarbeiterinnen und Mitarbeitern sowie Kindern regelmäßig zu reflektieren. Leitung hat in dieser Hinsicht eine persönliche Vorbildwirkung, ihr obliegt es aber darüber hinaus auch, Fachwissen verfügbar zu machen und neben der Verhaltensebene auch gesundheitsförderlichen Teamstrukturen und Rahmenbedingungen Aufmerksamkeit zu widmen und diese ggf. mit dem Team, dem Träger oder auf politischer Ebene zu thematisieren.

Mögliche Qualitätsmerkmale	Schlüsselindikatoren (Beispiele)
Die Leitung sorgt für die Förderung der eigenen Gesundheit.	• Die Leitung kennt die eigenen Ressourcen und Grenzen und berücksichtigt sie. • Die Leitung verfügt über Kenntnisse des Zeit-, Selbst- und Stressmanagements. • Die Leitung kennt Instrumente des Zeitmanagements und wendet sie erfolgreich an. • Die Leitung profitiert vom kollegialen Austausch (Leitungskonferenzen) und von verschiedenen Formen der Beratung (Fachberatung, ggf. Supervision). • Die Leitung lässt konstruktive Kritik nicht nur zu, sondern fordert sie ein und zieht daraus Konsequenzen. • Die Leitung ist in der Lage, unangemessene Forderungen zurückzuweisen.
Die Leitung sorgt für die gesundheitliche Förderung der Mitarbeiterinnen und Mitarbeiter.	• Die Leitung kennt die Ressourcen und Grenzen der einzelnen Mitarbeiterinnen und Mitarbeiter und berücksichtigt sie. • Die Leitung macht die Mitarbeiterinnen und Mitarbeiter mit Instrumenten des Zeitmanagements bekannt. • Die Leitung fördert den kollegialen Austausch und die kollegiale Beratung im Team. • Die Leitung sorgt – wenn nötig oder vom Team gewünscht – für Teamsupervision. • Die Leitung lässt konstruktive Kritik im Team nicht nur zu, sondern fordert sie ein. • In der Kita sind Unterstützungssysteme etabliert. • Die Leitung ist sich der Bedeutung eines wirksamen Arbeitsschutz- und Gesundheitsmanagements bewusst und gestaltet dieses aktiv mit. • Die Leitung ermutigt die Mitarbeiterinnen und Mitarbeiter, unangemessene Forderungen zurückzuweisen.
Themen der Prävention und kindlichen Gesundheitsförderung sind ein zentrales pädagogisches Anliegen der Leitung.	• Die Leitung sorgt für die Weiterentwicklung der pädagogischen Konzeption im Bereich Gesundheitsförderung. • Die Leitung sorgt dafür, dass die Praxis der Gesundheitsförderung und Prävention regelmäßig in Teamsitzungen besprochen wird. • Die Leitung ist informiert über neuere fachliche Entwicklungen und gibt sie an das Team weiter.

6.1 Zielgerichtete Personal- und Teamentwicklung

Pädagogische Mitarbeiterinnen und Mitarbeiter realisieren eine gute Bildungsqualität und ein gesundheitsförderliches Umfeld alltäglich durch ihr professionelles Handeln. Sie sind diejenigen, die eine gute Bildungsqualität in Kindertageseinrichtungen durch ihr professionelles Handeln alltäglich realisieren. Hierbei und bei der Weiterentwicklung ihrer Kompetenzen werden sie in der guten gesunden Kita durch ein umfassendes Personalentwicklungskonzept und durch gezielte Teamentwicklungsmaßnahmen unterstützt. Beides dient zum einen der Entwicklung und Erhaltung guter pädagogischer Fachpraxis, die das Wohlbefinden und die Entwicklungsförderung der Kinder sowie die Etablierung einer Bildungs- und Erziehungspartnerschaft mit den Eltern zum Ziel hat; zum anderen unterstützt es das Kompetenz- und Selbstwirksamkeitserleben der pädagogischen Fachkräfte und eröffnet ihnen berufliche Entwicklungschancen und Aufstiegsoptionen. Die Kindertageseinrichtung kann so zu einem Ort mit hoher Bildungs- und Gesundheitsqualität entwickelt werden.

Mögliche Qualitätsmerkmale	Schlüsselindikatoren (Beispiele)

Die Einrichtung praktiziert bedarfs- und bedürfnisgerechte Formen der Personalförderung und -entwicklung.	• In der Einrichtung finden regelmäßig mit allen Mitarbeiterinnen und Mitarbeitern Fördergespräche statt.
	• Es gibt vereinbarte und verbindliche Regeln für die Durchführung dieser Gespräche. Die Ergebnisse werden protokolliert, das Protokoll ist den Mitarbeiterinnen und Mitarbeitern zugänglich.
	• Folgende weitere Personal- und Teamentwicklungsmaßnahmen sind installiert:
	  • Personalentwicklungsgespräche
	  • Supervision
	  • Coaching
	  • Themenbezogene Fortbildungen
	  • Arbeitsgruppen zu Personalthemen
	  • Fortbildungen für potentielle Leitungskräfte
	  • Arbeitskreise für Sozialpädagogische Fachkräfte (trägerintern oder trägerübergreifend)

Bei der Inanspruchnahme von Fortbildungen besteht ein Gleichgewicht zwischen persönlichen Interessen und Planungen der eigenen fachlichen Weiterentwicklung und Zukunftsperspektive und den Belangen der Einrichtung.	• Die Fortbildungswünsche der Mitarbeiterinnen und Mitarbeiter werden regelmäßig erhoben. • Die Leitung verschafft sich eine Übersicht über die aktuellen Fort- und Weiterbildungsangebote (auch über die zugänglichen Angebote anderer Träger). • In Teamsitzungen werden die Weiterqualifizierungsnotwendigkeiten aus Sicht der Einrichtung und im Hinblick auf die Weiterentwicklung ihres fachlichen Profils besprochen. • Die Leitung sorgt in Übereinstimmung mit den Mitarbeiter innenund Mitarbeitern dafür, dass (aus Sicht der Einrichtung) notwendige Fortbildungsthemen in Anspruch genommen werden.

Es findet eine intensive Nachwuchsförderung statt.	• Neue Mitarbeiterinnenund Mitarbeiter werden angeleitet und systematisch ins Arbeitsfeld eingeführt. Die Leitung entwickelt ein Konzept zur Förderung der praxisbezogenen Ausbildung zukünftiger Fachkräfte und beteiligt sich zusammen mit ihrem Team aktiv daran (Praktikantinnen und Praktikanten). Es macht transparent, wie in der Einrichtung mit Praktikantinnen und Praktikanten gearbeitet wird, welche Anforderungen und Erwartungen an die zukünftigen Fachkräfte gerichtet werden, aber auch, was diese in der Einrichtung lernen können und sollen und wie sie begleitet werden. • Die Leitung steht in fachlichem Austausch mit den Fachschulen und anderen Einrichtungen der Aus- und Weiterbildung. • Die Leitung beteiligt sich an der Entwicklung eines Anforderungsprofils für Praktikantinnen und Praktikanten und Absolventen der Fachschulen.[121] • Die Einrichtung hält Kontakt zu Kolleginnen und Kollegen in der Elternzeit.

121 vgl. Strätz u. a. 2003

6.2 Weiterentwicklung fachlicher Kompetenzen

Die Erwartungen an die Bildung, Erziehung und Betreuung von Kindern in Kindertageseinrichtungen sind in den letzten Jahren vielfältiger und komplexer geworden. Eine positive Einstellung zum lebenslangen Lernen und zur kontinuierlichen Reflexion und Weiterentwicklung der eigenen personalen und fachlichen Kompetenzen ist eine Grundvoraussetzung dafür, den Anforderungen des Berufs der Erzieherin und des Erziehers gerecht werden zu können und Kindern eine bildungsanregende und gesundheitsförderliche Umwelt bereitzustellen. Im Sinne eines lebenslangen Lernens befinden sich auch die pädagogischen Fachkräfte auf dem Lernweg.

Ein wesentlicher Bestandteil dieses Weges ist die Teilnahme an Fort- und Weiterbildungen. Diese können sowohl die eigene Gesunderhaltung aber auch die fachliche Unterstützung auf dem Weg zur guten gesunden Kita beinhalten. Die Erfahrung, durch Fort- und Weiterbildung, Supervision und/oder kollegiale Beratung individuelle und kollektive Lernprozesse zu vollziehen, kann in das eigene professionelle Selbstbild integriert und als zukünftige Ressource nutzbar gemacht werden. Darüber hinaus bieten sich hierdurch auch Aufstiegsoptionen im System frühkindlicher Bildung, Erziehung und Betreuung.

Die Weiterentwicklung fachlicher Kompetenzen kann auch in enger Anbindung an das sozialräumliche Umfeld mit vielfältigen Kooperations- und Vernetzungsmöglichkeiten erfolgen. Hierzu gehört die Aneignung von Gesundheitskompetenz, die als Resultat von Bildungs- und Kommunikationsmaßnahmen in der Prävention und Gesundheitsförderung gesehen wird.

Mögliche Qualitätsmerkmale	Schlüsselindikatoren (Beispiele)
Die Fachkräfte verstehen sich selbst als Lernende. Sie lernen mit- und voneinander.	• Die Mitarbeiterinnen und Mitarbeiter unterstützen sich regelmäßig mit Hilfe von kollegialer Beratung auf der Grundlage wechselseitiger Beobachtungen und Hospitationen. • Die Mitarbeiterinnen und Mitarbeiter bilden sich gegenseitig zu bestimmten Themen fort. • Die Mitarbeiterinnen und Mitarbeiter unterstützen sich gegenseitig bei der Planung und Durchführung von Projekten. • Die Mitarbeiterinnen und Mitarbeiter beraten und unterstützen sich gegenseitig bei der Zusammenarbeit mit Eltern. • Die Mitarbeiterinnen und Mitarbeiter nutzen zur Fortbildung sozialräumliche Kooperations- und Vernetzungsmöglichkeiten. • Die Mitarbeiterinnen und Mitarbeiter bilden ihre Gesundheitskompetenz aus, damit sie befähigt sind, gesundheitsbewusstes Verhalten zu praktizieren und zu vermitteln.
Fort- und Weiterbildung sind das Recht und die Pflicht jeder Mitarbeiterin und jedes Mitarbeiters.	• Alle Mitarbeiterinnen und Mitarbeiter nehmen an Fortbildungen teil. • Kolleginnen und Kollegen, die an Langzeitfortbildungen bzw. Weiterqualifizierungsmaßnahmen teilnehmen, werden in der täglichen Arbeit so weit wie möglich entlastet. • Die Inhalte von externen Fortbildungen bzw. von besuchten Fachveranstaltungen werden dem Team vermittelt. • Die Fachberatung reflektiert regelmäßig mit den pädagogischen Fachkräften inhaltliche und organisatorische Fragen an ihre Arbeit. • Das Team nimmt bei Bedarf und nach Möglichkeit Supervision in Anspruch. • Die Leitung nimmt mit ihrer Einrichtung – in Rücksprache mit Träger und Team – an Forschungsprojekten teil und fördert so die fachliche Weiterentwicklung der Einrichtung.

Fort- und Weiterbildung sind wesentliche Bestandteile der Organisationsentwicklung.	Es werden Strukturen in der Kita installiert, damit erworbenes Wissen/ Kompetenzen der Fachkräfte für das gesamte Team und die pädagogische Arbeit nutzbar gemacht werden können.

6.3 Interaktions-, Kommunikations-, Feedback- und Konfliktkultur

In Kindertageseinrichtungen werden personengebundene Dienstleistungen erbracht, die mit einer hohen täglichen Kommunikations-und Interaktionsdichte verbunden sind. Durch diese Interaktionen werden soziale Beziehungen geformt, und jede Interaktion wird von vorangegangenen Erfahrungen beeinflusst und beeinflusst wiederum die folgenden. In der täglichen Interaktion werden außerdem die Grundlagen für wichtige Entwicklungsbereiche der Kinder gelegt, denn Kinder entwickeln sich in der fortlaufenden Interaktion mit ihren sozialen und materiellen Umwelten und gestalten diese von Anfang an aktiv mit. Damit hat die betreuende Fachkraft direkten sowie indirekten Einfluss auf diese Entwicklung.

Auch für die Zusammenarbeit im Team hat die Qualität der Interaktionen eine hohe Bedeutung. Sie kann durch die Kenntnis und Anwendung einschlägiger Methoden des Feedbackgebens oder des Konfliktmanagements verbessert werden. Unverzichtbar sind darüber hinaus personale Kompetenzen zur Selbstreflexion, Perspektivenübernahme und Empathie.

Mögliche Qualitätsmerkmale	Schlüsselindikatoren (Beispiele)
Fachkräfte, Eltern und Kindern interagieren und kommunizieren achtsam und im Sinne gewaltfreier Kommunikation miteinander.	• Die Erzieherinnen und Erzieher kennen die Grundlagen und Methoden gewaltfreier Kommunikation. Sie sind sensibel für die eigene Kommunikationsweise. • Mit den Kindern werden Regeln für den Umgang miteinander ausgehandelt und vereinbart. Erzieherinnen und Erzieher unterstützen die Kinder, ihre Gefühle, Anliegen und Interessen klar zu kommunizieren. • Das Team nimmt regelmäßig Supervision in Anspruch, die auch auf die praktizierten Interaktions- und Kommunikationsformen eingeht, oder verschafft sich auf andere Weise kompetente Rückmeldungen von Außenstehenden.
In der Einrichtung wird eine wertschätzende Feedbackkultur im Team sowie gegenüber den Eltern und den Kindern praktiziert.	• Kollegiale Beratung wird praktiziert. • Leitung gibt Feedback und holt sich Feedback. • Die wechselseitigen Rückmeldungen innerhalb des Teams beziehen sich nicht nur auf inhaltliche Fragen, sondern auch auf die praktizierten Interaktions- und Kommunikationsformen. • Eltern erhalten wertschätzendes Feedback zu ihren Erziehungsformen und zu ihrer Zusammenarbeit mit der Einrichtung. • Kinder erhalten wertschätzendes Feedback zu ihren Stärken, Leistungen und Fortschritten.
Konflikte werden als normaler Bestandteil sozialen Miteinanders und als Anlässe für eine produktive Weiterentwicklung von Beziehungen, Abläufen und Strukturen verstanden.	• Die Leitung verfügt über Kenntnisse und Fähigkeiten im Bereich der Mediation/Konfliktschlichtung. • Kinder werden unter Berücksichtigung ihres Entwicklungsstandes darin bestätigt und unterstützt, Konflikte unter sich auszutragen und Kompromisse und Lösungen auszuhandeln. • Differenzen über Inhalte, Verfahren und Ziele der pädagogischen Arbeit oder Konflikte zwischen Eltern und pädagogischen Fachkräften werden umgehend besprochen. Kommt es zwischen den Beteiligten zu keiner zufriedenstellenden Lösung, wird die Leitung und/oder Fachberatung einbezogen.

6.4 Unterstützungs- und Weiterqualifizierungsbedarf, Vorschlagswesen, Beschwerdemanagement

Zu einem umfassenden Qualitätsmanagement gehören die Ermittlung von Unterstützungs- und Qualifikationsbedarfen und die strukturierte Erfassung von Verbesserungsvorschlägen und Beschwerden. Hierfür müssen Strukturen und Abläufe vereinbart und eingerichtet werden. Im Sinne der Kindertageseinrichtung als »lernender Organisation« werden Unterstützungsbedarfe nicht als Defizite und Fehler nicht als Scheitern angesehen. Sie sind vielmehr Ausgangspunkte zur gezielten Weiterentwicklung der Organisation und der dort tätigen Akteure in allen Belangen einer guten gesunden Kita.

Mögliche Qualitätsmerkmale	Schlüsselindikatoren (Beispiele)
Eine Nach- und Weiterqualifizierung für neue Aufgaben durch Fort- und Weiterbildung wird möglichst frühzeitig initiiert.	• Die Fortbildungsplanung ist an den sich abzeichnenden Veränderungen der pädagogischen Konzeption und den daraus resultierenden neuen bzw. veränderten Aufgaben orientiert.
Die fachliche Weiterentwicklung der Einrichtung ist ein gemeinsam verfolgtes Anliegen.	• Alle Fachkräfte wirken daran mit, dass sich die pädagogische Arbeit an aktuellen Standards orientiert und die Praxis kontinuierlich in Richtung pädagogisch guter Qualität weiterentwickelt wird. • Unterschiedliche fachliche Positionen im Team werden respektiert und sind Anlass für diskursive Klärungen. • Es finden regelmäßige Inhouse-Fortbildungen statt, an denen das gesamte Team (ggf. einschließlich des technischen Personals) teilnimmt.
Das möglichst frühzeitige Erkennen von Defiziten gilt als unabdingbarer Teil des Qualitätsmanagements; Beschwerden werden als Chance zur gezielten Weiterentwicklung verstanden und behandelt.	• Es gibt Orte und Gelegenheiten, wo Probleme geäußert und angesprochen werden können. • Im Falle von Meinungsverschiedenheiten oder Problemen zwischen Eltern und pädagogischen Fachkräften stellen vereinbarte Verfahrensweisen sicher, dass diese in angemessener Weise besprochen werden. • Für den Umgang mit Beschwerden und mit Vorschlägen zur Veränderung und Verbesserung ist ein Regelsystem installiert, in dem Regeln und Maßnahmen festgelegt wurden. • Es gibt ein Beschwerdemanagement für Kinder.

Die Arbeitszufriedenheit der Mitarbeiterinnen und Mitarbeiter wird regelmäßig erhoben und evaluiert.	• Die Zufriedenheit der Mitarbeiterinnen und Mitarbeiter mit ihrem Arbeitsplatz und ihrer Arbeit wird in regelmäßigen Abständen erhoben, und zwar
	  • im Rahmen von Teamsitzungen
	  • im Rahmen von Personalentwicklungsgesprächen
	  • über strukturierte, auch anonyme Befragungen
	  • im Rahmen der Reflexion bestimmter Aktionen/Projekte.
	• Die Leitung informiert sich über die Gründe für das Ausscheiden von Mitarbeiterinnen und Mitarbeitern.
	• Die personelle Fluktuation ist relativ gering.

6.5 Betriebliche Gesundheitsförderung

Im Setting Kindertageseinrichtung werden im Sinne einer »Lernenden Organisation« durch den Einfluss auf relevante Rahmenbedingungen die Möglichkeiten für gesundheitsförderliche Handlungen erhöht. Neben der Stärkung von Gesundheitspotenzialen geht es in der betrieblichen Gesundheitsförderung auch um die Reduzierung von Gesundheitsrisiken, die insbesondere durch die Verhaltens- und Verhältnisprävention sowie den Arbeits- und Gesundheitsschutz erreicht wird. Betriebliche Gesundheitsförderung meint in der guten gesunden Kita ein kontinuierliches und systematisches Vorgehen und einen dauerhaften Veränderungsprozess, in dem die gesamte Einrichtung, das Einrichtungsumfeld, die einzelnen Mitarbeiterinnen und Mitarbeiter sowie beispielsweise deren Arbeitssituation und jeweiligen Arbeitsbedingungen inbegriffen sind.

Mögliche Qualitätsmerkmale	Schlüsselindikatoren (Beispiele)
Die körperliche Gesundheit der Mitarbeiterinnen und Mitarbeiter wird geschützt.	• Arbeitsmedizinische Untersuchungen und Beratungen werden angeboten und in Anspruch genommen. • Sicherheitsmängel und Unfallrisiken in der Einrichtung werden systematisch erhoben und vermindert.
Belastende psychische und psychosoziale Faktoren werden analysiert und kontrolliert.	• Auftretende Stress- und Belastungsfaktoren am Arbeitsplatz werden ermittelt und vermindert. • Die Mitarbeiterinnen und Mitarbeiter werden im Umgang mit Belastungssituationen beraten. • Die Einrichtung wirkt der Burn-Out-Gefahr aktiv entgegen, indem Überforderungssituationen und zu starre und einengende Routinen bzw. Festlegungen vermieden werden. • Die Arbeitsabläufe werden regelmäßig daraufhin reflektiert, ob sie der Arbeitsmotivation und der Zufriedenheit der Mitarbeiterinnen und Mitarbeiter zuträglich sind.
Arbeitsschutz wird konsequent umgesetzt.	• Es erfolgt eine umfassende Umsetzung der gesetzlichen Vorgaben durch Information und Motivation der Leitung gegenüber den Mitarbeiterinnen und Mitarbeitern. • Gefährdungsbeurteilungen werden regelmäßig durchgeführt. • Für jede Einrichtung ist eine Sicherheitsbeauftragte odr ein Sicherheitsbeauftragter bestellt. • Unterweisungen zum Arbeits- und Gesundheitsschutz erfolgen für neue Mitarbeiterinnen und Mitarbeiter vor Tätigkeitsbeginn, ansonsten in mindestens jährlichem Abstand. • Regelmäßig werden Schulungen, z. B. durch die Unfallkassen, durchgeführt.

7.1 Gemeinsame Qualitätsansprüche und -ziele

Die Verständigung über gemeinsame Qualitätsansprüche und -ziele steht am Anfang jeder Qualitätsentwicklung. Ohne eine solche Übereinkunft bleibt unklar, mit welchen Zielen die in einem solchen Prozess notwendigen Anstrengungen unternommen werden sollen und welchen Nutzen sie für die Beteiligtengruppen haben. Auch wenn nicht sämtliche Qualitätsansprüche und -ziele im Detail von allen geteilt werden müssen, geht es doch um ein grundsätzliches Bekenntnis zur Realisierung einer hohen Bildungsqualität und dazu, sich aktiv in die Gestaltung der Kita als gesundheitsförderlicher Lern-, Arbeits- und Lebensort einzubringen. Die Formulierung, Implementierung und Überprüfung der Qualitätsansprüche und -ziele erfolgt auf der Grundlage des mehrschrittigen Qualitätsentwicklungsmodells (vgl. Kap. 5).

Mögliche Qualitätsmerkmale	Schlüsselindikatoren (Beispiele)
Die Einrichtung arbeitet zielorientiert. Sie hat eigene Qualitätsansprüche formuliert (im Rahmen der landesweit gültigen Vorgaben und der Vorgaben des Trägers).	• Die vereinbarten Qualitätsansprüche orientieren sich an der aktuellen elementarpädagogischen Fachdiskussion. • Die Qualitätsansprüche berücksichtigen sowohl pädagogische als auch gesundheitsbezogene Ansprüche. • Die Ziele werden schriftlich festgehalten. Sie sind konkret und für alle Beteiligten nachvollziehbar formuliert. • Der Zustand wird konkret beschrieben, der durch bestimmte, zuvor (im Team, mit den Kindern, mit den Eltern, mit anderen) vereinbarte Interventionen erreicht werden soll. • Die Sichtweisen, Anliegen und Interessen der Kinder werden bei der Zielentwicklung berücksichtigt. • Die Ergebnisse von systematischen Beobachtungen der Kinder werden bei der Zielentwicklung berücksichtigt. • Die Sichtweisen, Anliegen und Interessen der Eltern werden bei der Zielentwicklung berücksichtigt.
Die Einrichtung setzt die eigenen Qualitätsansprüche in verkraftbaren, aber stetigen Schritten um.	• Die Bedingungen zur Umsetzung der Zielsetzungen in der Einrichtung wurden reflektiert (Erfordernisse in Bezug auf Räume, Zeit, Geld, Personal). • Für die Umsetzung der Ziele wird eine Prioritätenliste entwickelt. • Die für die Umsetzung benötigten Zeiträume werden vereinbart. Sie basieren auf den verfügbaren Erfahrungswerten, nicht auf Vorgaben von außen. • Die Einrichtung arbeitet qualitätsorientiert, d. h. datenbasiert, projektbezogen und mit dem PDCA-Zyklus.
Die Einrichtung evaluiert die Umsetzung, verbessert sie, wo nötig, und reflektiert die Angemessenheit der Qualitätsansprüche (Qualitätszyklus).	• Der Grad der Zielerreichung wird mit den Beteiligten (Kinder, Eltern, Kolleginnen und Kollegen, Leitung, Kooperationspartner) nach zuvor festgelegten Zeiträumen und bezogen auf konkret formulierte, schriftlich festgehaltene Ziele reflektiert. • Situationen, in denen es gelungen ist, die Zielsetzungen umzusetzen, werden dokumentiert. • Situationen, in denen es nicht gelungen ist, die Zielsetzungen umzusetzen, werden dokumentiert und analysiert. • Zielentwicklung und Dokumentation bilden die Grundlage für den fortlaufenden Prozess der Weiterentwicklung der pädagogischen Konzeption. • Es gibt einen ständigen Ziel-Feedback-Kreislauf. • Korrekturen sind selbstverständlicher Teil der pädagogischen bzw. der leitenden Arbeit.

7.2 Steuerung der Qualitätsprozesse

Um förderliche Organisationsstrukturen und wichtige Rahmenbedingungen der pädagogischen Arbeit zu sichern und fortlaufend zu verbessern, ist die Kenntnis und wirksame Anwendung geeigneter Methoden des Sozial- und Qualitätsmanagements ebenso notwendig wie ein klares und positives Leitungsprofil und Führungsverhalten.

Mögliche Qualitätsmerkmale	Schlüsselindikatoren (Beispiele)
Die Einrichtungsleitung und ggf. weitere Beauftragte steuern und unterstützen den Prozess der Qualitätsentwicklung und Evaluation.	• Die Leitung verfügt über Kenntnisse zur Qualitätsfeststellung und -entwicklung. • Die Leiterin sorgt dafür, dass die Mitarbeiterinnen und Mitarbeiter mit Konzepten und Methoden der Qualitätsentwicklung und der Gesundheitszirkelarbeit vertraut gemacht werden. • Die Leitung ist in der Lage, den Prozess der Qualitätsfeststellung, Qualitätssicherung und Qualitätsentwicklung zu initiieren, zu steuern, auszuwerten und zu moderieren.
Sie stellen eine kontinuierliche Weiterentwicklung und Verbesserung der pädagogischen Qualität der Einrichtung sicher. Zugleich sichern sie die erreichte Qualität ab.	• In den Teambesprechungen ist regelmäßig Zeit für den fachlichen Austausch zu qualitätsrelevanten Themen. • Qualitätsziele und -standards werden regelmäßig auf ihre Aktualität, Angemessenheit und Einhaltung überprüft. • Neue Mitarbeiterinnen und Mitarbeiter erhalten zeitnah umfassende Informationen über das Qualitätskonzept, die Qualitätsziele und -standards der Einrichtung bzw. des Trägers.
Ziele und Abläufe des Qualitätsmanagements in der Einrichtung sind klar definiert und werden entsprechend umgesetzt.	• Qualitätsziele und -standards werden verbindlich vereinbart und sind schriftlich fixiert. • Ziele sind SMART formuliert (spezifisch, messbar, akzeptabel, realistisch, terminiert). • Die Einrichtungsleitung sorgt für eine kontinuierliche Dokumentation im erforderlichen Umfang. Prozesse und Ergebnisse der internen Qualitätsentwicklung werden in geeigneter Weise dokumentiert. • Die pädagogischen Abläufe in der Einrichtung, insbesondere Projekte, werden in geeigneter Weise dokumentiert. Die Dokumentationen werden allen Akteuren zugänglich gemacht. • Zu jedem Kind wird eine »Bildungsdokumentation« angelegt und in regelmäßigen Abständen mit den Eltern besprochen. • Die Erfordernisse des Datenschutzes (§61 bis §64 SGB VIII), insbesondere die Bestimmungen zum besonderen Vertrauensschutz in der persönlichen und erzieherischen Hilfe (§65 SGB VIII) werden berücksichtigt.

7.3 Selbstreflexion, Individualfeedback und persönliche Qualitätsentwicklung

Institutionen sind nur dann zukunftsfähig, wenn die dort tätigen Personen an einer persönlichen Weiterentwicklung interessiert sind und hierin unterstützt werden. Persönliches Gesundheitsverhalten, die individuelle Haltung zu lebenslangem Lernen und persönlichem Wachstum sowie Achtsamkeit sich selbst und anderen gegenüber folgen erworbenen Mustern, die biografisch begründet und über selbstreflexive Prozesse zugänglich und veränderbar sind. Regelmäßige kollegiale Rückmeldungen und die Formulierung persönlicher Ziele im Kontext von Qualitätsentwicklung und betrieblicher Gesundheitsförderung unterstützen die berufliche und persönliche Weiterentwicklung der einzelnen Fachkräfte und die Professionalisierung der gesamten Institution.

Mögliche Qualitätsmerkmale	Schlüsselindikatoren (Beispiele)
Die Fachkräfte sind bereit, die eigene Arbeit immer wieder selbstkritisch zu reflektieren. Sie sind bereit, die Kompetenzen der Kolleginnen und Kollegen als Impulse für die eigene Weiterentwicklung zu nutzen.	• Die Fachkräfte nutzen Methoden der Selbstreflexion sowie der kollegialen Beratung (wechselseitiges Feedback, wechselseitige Hospitationen, fachliche Zusammenarbeit im Rahmen von Projektplanungen und Fallbesprechungen) regelmäßig als Anstoß für ihre fachliche Weiterentwicklung. • Sie nutzen zudem die Möglichkeiten des Feedbacks durch Eltern und Kinder. • Sie nehmen an Fort- und Weiterbildungen teil und suchen den Erfahrungsaustausch.
Die Fachkräfte entwickeln fachliche Zukunftsvorstellungen für sich und für die Einrichtung.	• Die Fachkräfte planen die nächsten Etappen ihrer beruflichen Entwicklung fachlich und zeitlich. • In der Einrichtung finden in regelmäßigen Abständen Zukunfts-Werkstätten statt.
Die Fachkräfte reflektieren ihr eigenes Verhalten und ihr Vorbild hinsichtlich ihres gesundheitsbewussten Verhaltens, ihrer Bewegung und ihrer Ernährung.	• Die Fachkräfte lassen regelmäßig Gesundheits-Checks durchführen. • Die Fachkräfte reflektieren ihre Ernährungsgewohnheiten. • Die Fachkräfte nutzen regelmäßig Möglichkeiten zur Bewegung und Fitness. • Die Fachkräfte gestalten ihren Urlaub etc. so, dass sie sich erholen.

7.4 Weiterentwicklung der Einrichtung, Selbstevaluation, Entwicklung und Umsetzung von Zielvereinbarungen

Eine methodisch kontrollierte, auf die zentralen institutionellen Ziele und Qualitätsansprüche fokussierte Einschätzung des IST-Standes bildet die Basis jeglicher Qualitätsentwicklung. Selbstevaluationen bieten sich hierfür an, weil sie die Fachkräfte als Experten und Expertinnen ihrer eigenen Arbeit ernst nehmen und geeignet sind, die Identifikation der Akteure mit der Einrichtung und deren Motivation, Veränderungsbereitschaft und Verantwortungsübernahme zu stärken. Der aus der Bestandsaufnahme hervorgegangene Handlungsbedarf führt zur Formulierung und Umsetzung von Zielvereinbarungen. Sie stellen ein wichtiges Instrument der Personalentwicklung dar. Ein solches Vorgehen berücksichtigt die Bedürfnisse jedes Menschen nach Verstehbarkeit, Handhabbarkeit und Bedeutsamkeit und entspricht einem salutogenetischen Verständnis von Gesundheit und Gesundheitsförderung.

Mögliche Qualitätsmerkmale	Schlüsselindikatoren (Beispiele)
Die Einrichtung überprüft ihre Praxis regelmäßig anhand der Qualitätsansprüche in der eigenen Konzeption und anhand von Methoden des Benchmarking. An Selbstevaluationen ist das gesamte Team beteiligt.	• Die Einrichtung nutzt Vergleichsmöglichkeiten mit anderen Einrichtungen, z. B. über einen regelmäßigen fachlichen Austausch mit Fachkräften aus anderen Einrichtungen, Hospitationen in anderen Einrichtungen (auch trägerübergreifend), gezielte Hospitationen bei Modelleinrichtungen (Beispiele bester Praxis). • Die Leitung ist in der Lage, Selbstevaluationen anzuleiten bzw. holt dazu fachliche Unterstützung ein.
Die Weiterentwicklung der Einrichtung wird systematisch gesteuert.	• Teambesprechungen werden genutzt, um die Arbeit inhaltlich, z. B. hinsichtlich der Entwicklung einzelner Kinder, der Zusammenarbeit mit den Eltern, der Schule, dem Träger und anderen Institutionen oder bezogen auf die Öffentlichkeitsarbeit etc. zu reflektieren. • Der Tagesablauf wird in regelmäßigen Abständen daraufhin geprüft, ob er noch dem aktuellen Bedarf entspricht. • Räume werden als veränder- und gestaltbar begriffen; Anlässe zur Weiterentwicklung werden aufgegriffen und münden in Umgestaltungen. • Die Inhalte und Formen der Zusammenarbeit mit Eltern werden in regelmäßigen Abständen daraufhin befragt, ob sie den Bedürfnissen der aktuellen Elternschaft entsprechen und ob sie geeignet sind, die Eltern zur Zusammenarbeit zu motivieren. • Gesellschaftliche Veränderungen und ihre Auswirkungen auf Familien und Kinder werden auf ihre Relevanz für die Einrichtung geprüft. Daraus erwachsende neue bzw. veränderte Anforderungen an die pädagogische Arbeit werden in die Konzeption integriert. • Vision und Ziele der Einrichtung werden regelmäßig mit Evaluationsergebnissen abgeglichen.

7.5 Qualitätsmanagement der Gesundheitsförderung und Prävention

Qualitätsmanagement in der guten gesunden Kita versteht sich als integriertes Qualitätsmanagement von Bildung und Gesundheit, das sich an frühkindlichen Bildungszielen und an den Wirkungszielen der Gesundheitsförderung und Prävention, d. h. an der Verbesserung der Gesundheit und des Wohlbefindens von Kindern, Eltern und Mitarbeiterinnen und Mitarbeitern und einer Weiterentwicklung der hierzu erforderlichen Wege und Strategien, orientiert.[122] Qualitätsmanagementkonzepte sind deshalb daraufhin zu überprüfen, inwieweit sie den Grundsätzen der guten gesunden Kita entsprechen (vgl. Kap. 3.2) und geeignet sind, beide Zielperspektiven zu bedienen. Gefährdungsbeurteilungen gelten als zentrales Instrument der betrieblichen Gesundheitsförderung. Ebenso haben sich u. a. Gesundheitszirkel als eine relativ niedrigschwellige Methodik erwiesen. Die eingesetzten Methoden und Instrument müssen sowohl vom zeitlichen als auch vom finanziellen Aufwand her ökonomisch vertretbar sein.

Mögliche Qualitätsmerkmale	Schlüsselindikatoren (Beispiele)
Das Qualitätsmanagement bezieht sich nicht auf einzelne Aspekte, sondern es berücksichtigt gleichermaßen die Struktur, die Orientierungen, den Prozess und das Ergebnis.	• Die Einrichtung hat ein Qualitätsmanagementsystem installiert, das verschiedene Dimensionen von Qualität berücksichtigt und miteinander in Beziehung setzt. • Gesundheit, Gesundheitsförderung und Prävention sind Themen, die sowohl mit Bezug auf die Kinder als auch mit Bezug auf die Mitarbeiterinnen und Mitarbeiter bearbeitet werden. Entsprechende Qualitätsansprüche sind im Qualitätshandbuch, der Konzeption und ggf. weiteren Dokumenten formuliert und werden im Kontext von Qualitätsmanagement und -entwicklung regelmäßig überprüft.
Es werden regelmäßige Gefährdungsbeurteilungen durchgeführt.	• Träger und/oder Leitung verfügen über Kompetenzen zur Gefährdungsbeurteilung nach §5 ArbSchG. • Zum Einsatz kommen Instrumente der Gefährdungsbeurteilung, die speziell für den Einsatz in Kindertageseinrichtungen entwickelt wurden. • Im Bereich der psychischen Gefährdungen wird die Beurteilung nicht nur auf allgemeiner Ebene, sondern anhand einer Reihe konkret operationalisierter Kriterien durchgeführt.
Das Instrument des Gesundheitszirkels ist bekannt und wird genutzt.	• Es finden regelmäßige Gesundheitszirkel statt, die – mindestens zu Beginn – von einem externen Experten oder einer externen Expertin moderiert werden. • Erarbeitete Lösungsvorschläge werden dokumentiert, zeitnah umgesetzt und evaluiert.
Maßnahmen werden auch unter dem Gesichtspunkt der Nachhaltigkeit entwickelt und überprüft.	• Es wird beachtet, dass nachhaltige Strukturen etabliert werden, die die erwünschten Wirkungen langfristig absichern.

122 Bundeszentrale für gesundheitliche Aufklärung 2001

8.1 Umsetzung des Bildungs- und Erziehungsauftrags

Die zentrale Aufgabe von Kindertageseinrichtungen besteht in der Umsetzung des gesellschaftlichen Auftrags der Bildung, Erziehung und Betreuung von Kindern. Dies erfolgt vor dem Hintergrund gesellschaftlicher Bedarfe und aktueller fachwissenschaftlicher Erkenntnisse zur Bildungsfähigkeit junger Kinder und zu bildungsförderlichen Interaktionen, Aktivitäten und Angeboten. Die handlungsleitenden Orientierungen, pädagogischen Prinzipien, Alltagsroutinen, Angebote und Projekte sind in der pädagogischen Konzeption niedergelegt und somit transparent, kommunizier- und reflektierbar. Eltern als die wichtigsten Bezugspersonen der Kinder werden in diese Prozesse regelmäßig einbezogen.

Mögliche Qualitätsmerkmale	Schlüsselindikatoren (Beispiele)
Das gesamte Team identifiziert sich mit dem in der pädagogischen Konzeption niedergelegten gemeinsamen Auftrag zur Bildung, Betreuung und Erziehung. Es ist von der Wirksamkeit der eigenen Arbeit prinzipiell überzeugt.	• Maßnahmen, mit denen die verbindliche Umsetzung der Konzeption sichergestellt werden soll, werden im Team gemeinsam entwickelt. • Die Wirksamkeit dieser Maßnahmen wird regelmäßig reflektiert.
Die Bildungs- und Erziehungsarbeit ist an der Entwicklung und Stärkung von Persönlichkeitsmerkmalen und Schlüsselkompetenzen (Selbstkompetenzen, soziale Kompetenzen, Sachkompetenzen) orientiert. Über die Wirksamkeit dieses Konzepts wird ein ständiger, beobachtungs- und erfahrungsgestützter Dialog geführt.	• Die Einrichtung reflektiert, ob sie allen Kindern ein breites Erfahrungsspektrum eröffnet. • Die Mitarbeiterinnen und Mitarbeiter reflektieren gemeinsam mit den Eltern, welche Persönlichkeitsmerkmale und Schlüsselkompetenzen sich bei den einzelnen Kindern (weiter-)entwickelt haben. • Diese wahrgenommenen Entwicklungen werden im Hinblick auf die weitere Verbesserung der pädagogischen Arbeit reflektiert.
Die Bildungs- und Erziehungsarbeit ist an jedem einzelnen Kind orientiert. Über die Wirksamkeit dieses Konzepts wird ein ständiger, beobachtungs- und erfahrungsgestützter Dialog geführt.	• Die Einrichtung reflektiert den Bildungsprozess jedes einzelnen Kindes. • Die Mitarbeiterinnen und Mitarbeiter reflektieren, inwieweit den besonderen Interessen, Fähigkeiten und Begabungen bestimmter Kinder Rechnung getragen werden konnte. • Die Mitarbeiterinnen und Mitarbeiter reflektieren, inwieweit sie zur Herstellung von Chancengleichheit im Bildungsprozess beitragen konnten.

8.2 Schlüsselqualifikationen und Kompetenzen der Kinder

Bildung bemisst sich in der Wissensgesellschaft weniger am Umfang erworbener Wissensbestände als an der Fähigkeit, sein Wissen sich ständig verändernden Bedingungen anzupassen und für persönliche Orientierung und gesellschaftliche Teilhabe nutzbar zu machen. Die Anbahnung und Unterstützung lernmethodischer Kompetenzen durch soziale und individuelle Formen von Metakognition und Selbststeuerung fördert den frühkindlichen Wissenserwerb. Dabei werden Lernprozesse nicht als bloße Wissensaneignung verstanden, sondern als aktive Formen der Wissenskonstruktion und Ko-Konstruktion, die es den Kindern zunehmend erlauben, »... sich Wissensgebiete zu erschließen und Informationen in persönliches, handhabbares Wissen zu übertragen«.[123] Der Erwerb weiterer Schlüsselkompetenzen ist die Voraussetzung dafür, sich jetzt und zukünftig neue Inhalte eigenständig erschließen sowie bewusste und informierte Entscheidungen über die eigene Lebensführung und gesundheitsrelevante Verhaltensweisen treffen zu können.

Mögliche Qualitätsmerkmale	Schlüsselindikatoren (Beispiele)
Die Einrichtung reflektiert, inwieweit Grundlagen für Bildungsziele im 21. Jahrhundert (selbstständiges Lernen, Problemlösekompetenz, soziale Kompetenzen in gemeinsamen Lern- und Bildungsprozessen) tatsächlich zugrundegelegt wurden.	• Beobachtungen der Kinder werden im Hinblick auf selbstständiges Lernen, Problemlösekompetenzen und ko-konstruktive Lern- und Bildungsprozesse ausgewertet. • Entsprechende Beobachtungs- und Auswertungsverfahren (z. B. die »Bildungs- und Lerngeschichten«) werden regelmäßig eingesetzt.
Die Einrichtung reflektiert die Ansätze von Metakognition und die Entwicklung lernmethodischer Kompetenzen bei den älteren Kindern.	• Beobachtungen der älteren Kinder werden im Hinblick auf metakognitive und lernmethodische Kompetenzen ausgewertet. • Die Selbstwahrnehmung der Kinder wird, sofern sie z. B. in Erzählungen oder Gesprächen deutlich wird, dokumentiert.
Die Förderung der kindlichen Persönlichkeit und die Ausbildung von Schlüsselkompetenzen stehen gegenüber dem Erwerb von Einzelfertigkeiten im Vordergrund.	• Der pädagogischen Arbeit liegt ein ganzheitlicher Bildungsbegriff zu Grunde. • Die Persönlichkeit jedes Kindes und seine individuellen Weltzugänge werden geachtet. Besondere Fähigkeiten und Talente werden gezielt gefördert.
Die Einrichtung nutzt ressourcen- und entwicklungsorientierte Dokumentationsformen.	• Die Einrichtung verwendet Dokumentationsformen, die • die Stärken und Ressourcen jedes Kindes und • seine Schritte im Bildungsprozess verdeutlichen. Vergleiche mit Normwerten finden nur bei notwendigen Nachweisführungen statt.

123 Bundeszentrale für gesundheitliche Aufklärung 2001

8.3 Vorbereitung auf lebenslanges Lernen, Bewältigung von Übergängen

Lebenslanges Lernen ist Lernen an unterschiedlichen Lernorten und in sowohl nonformalen als formalen Bildungssettings. Um den Transfer erworbenen Wissens und Könnens in andere Lebensbereiche und Settings abzusichern, gehört es zu den Aufgaben von Kindertageseinrichtungen, anschlussfähige Übergänge zu gestalten. Übergänge bilden die Gelenkstelle zwischen kindlichen Erfahrungsräumen und erweitern diese gleichzeitig. Kinder bilden in Übergangssituationen spezifische Bewältigungskompetenzen aus und integrieren ihre Erfahrungen in das eigene Selbstbild. Kindertageseinrichtungen stehen in der Verantwortung, die kindlichen Ressourcen zur Bewältigung von Übergängen zu befördern und Risiken zu minimieren.

Mögliche Qualitätsmerkmale	Schlüsselindikatoren (Beispiele)
Nicht das Wissen selbst, sondern die Beschaffung, die kritische Bewertung von Wissen und der Umgang mit unterschiedlichen Informationen sind zentrale Bildungsziele.	• Beobachtungen der Kinder werden im Hinblick auf den kompetenten Umgang der Kinder mit Wissen (Beschaffung, Bewertung, Anwendung) ausgewertet. • Es wird reflektiert, welche ersten Schritte die Kinder in dieser Hinsicht gemacht haben. • Die Kinder werden dabei unterstützt, das eigene Lernen zu gestalten.
Die Fachkräfte verstehen sich auch im eigenen Umgang mit Wissen als Vorbild.	• Die Mitarbeiterinnen und Mitarbeiter planen Aktivitäten und Projekte so, dass die gemeinsame Beschaffung und Bewertung von Informationen und der Umgang mit verschiedenen Informationsquellen feste Bestandteile sind. • Die Mitarbeiterinnen und Mitarbeiter sorgen dafür, dass beim Lernen kein Stress entsteht.
Die Wirksamkeit der Bemühungen, den Kindern bei der Bewältigung von Übergängen durch stützende Faktoren auf individueller, interaktionaler (Zusammenwirken der Beteiligten) und kontextueller Ebene[124] zu helfen, wird reflektiert und evaluiert.	• Die Eingewöhnungsphase jedes Kindes wird von den beteiligten Erzieherinnen und Erziehern gemeinsam mit den Eltern reflektiert und im Hinblick auf weitere Verbesserungsmöglichkeiten in der Zukunft reflektiert. • Vor und nach dem Übergang in die Schule werden mit den betroffenen Kindern Gespräche über deren Erwartungen, Befürchtungen und Erfahrungen geführt. • Diese Informationen werden zur Reflexion der Wirksamkeit der eigenen Bemühungen und zur weiteren Verbesserung des Zusammenwirkens mit der Schule genutzt. • Informationen zum weiteren Bildungsweg der Kinder werden gesammelt und analysiert.
Die Eigenständigkeit der jeweiligen Bildungs- und Erziehungsaufträge von Kita und Schule wird verdeutlicht und respektiert. Beide Institutionen fühlen sich der Kontinuität der kindlichen Bildungsprozesse verpflichtet.	• Einrichtungen und Grundschulen reflektieren in Arbeitskreisen auf kommunaler Ebene Gemeinsamkeiten und Unterschiede der Bildungs- und Erziehungsaufträge. • Einrichtungen und Grundschulen reflektieren gemeinsam, durch welche Maßnahmen eine Kontinuität der kindlichen Bildungsprozesse bereits gegeben ist und was zur weiteren Verbesserung beitragen könnte. • Einrichtungen und Grundschulen überlegen gemeinsam, wie Übergänge erfolgreich und gesundheitsverträglich bzw. gesundheitsförderlich gestaltet werden können.

124 Griebel & Niesel 2004

8.4 Zufriedenheit von Kindern, Eltern und anderen Institutionen

Die Zufriedenheit aller Akteure im Setting ist ein wesentliches Ziel der Qualitätsentwicklung zur guten gesunden Kita. Eltern und Kinder sind Kunden der sozialen Dienstleistungen von Kindertageseinrichtungen und ihre Zufriedenheit ist insofern ein Kriterium für die angebotene Qualität. Die Arbeitszufriedenheit hat nachgewiesenermaßen positive Einflüsse auf das Commitment, das Engagement, die Gesundheit und die Leistung von Mitarbeiterinnen und Mitarbeitern.[125] Da nicht davon ausgegangen werden kann, dass Erwartungen, Einschätzungen und Bewertungen der Beteiligten immer konform gehen, sind Strukturen und Prozesse etabliert, die diese sichtbar und kommunizierbar machen.

Mögliche Qualitätsmerkmale	Schlüsselindikatoren (Beispiele)
Die Mitarbeiterinnen und Mitarbeiter reflektieren, inwieweit sie den Grundbedürfnissen der Kinder in der Einrichtung tatsächlich gerecht werden. Die Einrichtung setzt sich mit den Interessen und Erwartungen der Eltern dialogisch auseinander.	• Erwartungen von Eltern werden regelmäßig erhoben und systematisch ausgewertet. • Verschiedene methodische Möglichkeiten werden genutzt (mündlich, schriftlich). • Es wird sichergestellt, dass auch Eltern mit geringen Deutschkenntnissen ihre Erwartungen äußern können. • Die Eltern erhalten eine Rückmeldung.
Merkmale der Zufriedenheit bzw. Unzufriedenheit von Kindern und Eltern werden erfasst und im Hinblick auf mögliche kurz und/oder mittelfristige Verbesserungen diskutiert.	• Beobachtungen der Kinder werden im Hinblick auf die feststellbare Engagiertheit der Kinder bei Aktivitäten in der Einrichtung ausgewertet. Entsprechende Verfahren (z. B. Leuvener Engagiertheitsskala für Kinder – LES-K[126] und Bildungs- und Lerngeschichten[127]) werden eingesetzt. • Die Zufriedenheit der Eltern mit der pädagogischen Arbeit der Einrichtung wird regelmäßig – auch anonym – erhoben. Vorschläge für Verbesserungsmaßnahmen werden gemeinsam entwickelt und diskutiert. • Es wird sichergestellt, dass auch Eltern mit geringen Deutschkenntnissen eine Rückmeldung geben können.
Die Zufriedenheit der Mitarbeiterinnen und Mitarbeiter wird von Träger und Leitung als wichtige Ressource betrachtet und mit geeigneten Maßnahmen befördert.	• Alle Mitarbeiterinnen und Mitarbeiter werden regelmäßig zu ihrer Zufriedenheit mit Arbeitsbedingungen und -prozessen sowie zu Verbesserungsansätzen befragt. • Faktoren, die auf die Arbeitszufriedenheit wirken und im Einflussbereich von Träger und Einrichtung liegen, wie Umgangston, Entwicklungsmöglichkeiten, Entscheidungs- und Gestaltungsmöglichkeiten, Führungsstil u. a. m., werden evaluiert und ggf. verändert.
Die Einrichtung führt den Dialog zwischen Jugendhilfe und Schule auf Augenhöhe.	• Einrichtungen und Grundschulen reflektieren gemeinsam die Wirksamkeit der Maßnahmen zur Gestaltung des Übergangs.

125 vgl. Kliche 2011; Viernickel, Voss, Mauz und Schumann 2013
126 vgl. Laevers 1997
127 vgl. Leu u. a. 2007

8.5 Gesundheit und Wohlbefinden der Kinder und des Personals

Menschen, die sich wohl und gesund fühlen, sind in der Lage, die Belange anderer wahrzunehmen und zu berücksichtigen und ihre eigenen Kompetenzen einzusetzen und weiterzuentwickeln. Kindertageseinrichtungen sind sowohl in ihrer Funktion als frühkindliche Bildungsinstitutionen als auch als durch ihren Anspruch, gesunde und sichere Arbeitsumwelten zu sein, in der Pflicht, Gesundheit sowie Prävention und Gesundheitsförderung mit hoher Priorität zu behandeln. In der guten gesunden Kita verbringen Kinder und Erwachsene gerne ihre Zeit; sie erleben sich als wertgeschätzt und können ihre Fähigkeiten und Stärken einsetzen und ausbauen. Gesundheitliche Belange werden ernst genommen, Probleme rechtzeitig erkannt und Lösungsansätze gefunden und auf ihren Erfolg hin überprüft.

Mögliche Qualitätsmerkmale	Schlüsselindikatoren (Beispiele)
Der Gesundheitsstatus und das Wohlbefinden der Kinder werden regelmäßig erfasst.	• Der Gesundheitsstatus und das Wohlbefinden der Kinder werden regelmäßig erfasst. Die Fachkräfte setzen für die Beobachtung bzw. Erfassung des kindlichen Wohlbefindens angemessene Verfahren ein (Leuvener Engagiertheitsskala LES-K[128]; PERIK[129]). • Die Ergebnisse der Beobachtungen werden im Team, mit den Eltern und ggf. mit den Kindern besprochen und es werden pädagogische Schlussfolgerungen abgeleitet. • Für jedes Kind sind grundlegende schriftliche Gesundheitsinformationen (Impfungen, Allergien, spezielle Pflege- und Ernährungsbedürfnisse) vorhanden. Die Informationen sind aktuell. • Die Sicht der Eltern wird systematisch erhoben.
Gesundheit und Wohlbefinden der Fachkräfte werden analysiert, reflektiert beobachtet und, wo nötig, verbessert.	• Die Fachkräfte haben gelernt, Körpersignale zu ihrem Gesundheitszustand wahrzunehmen. • Die Fachkräfte können Stress am Arbeitsplatz abbauen bzw. vermeiden. • Die Fachkräfte können mit beruflichen Misserfolgen umgehen. • Die Fehlzeiten des Personals sind relativ gering.
Aktivitäten, Maßnahmen und Projekte im Bereich der Gesundheitsförderung und der Prävention werden auf ihre Wirksamkeit überprüft.	• Es wird überprüft, ob gesundheitsfördernde bzw. präventive Aktivitäten Auswirkungen auf das Verhalten der Kinder in der Einrichtung und in der Familie haben. • Es wird reflektiert, ob gesundheitsfördernde bzw. präventive Aktivitäten Auswirkungen auf das Belastungserleben und den Gesundheitszustand der pädagogischen Fachkräfte haben. • Es wird reflektiert, ob die Auswirkungen nachhaltig sind.

128 Laevers 1997
129 Mayr & Ulich 2006

5 Wege zu einer guten gesunden Kindertageseinrichtung

Beim Lesen des Referenzrahmens wird jede Kindertageseinrichtung Aspekte wiederfinden, die sie bereits berücksichtigt und die die eigene Praxis bereits gut beschreiben. Kein Team fängt von Null an, wenn es um die Entwicklung zu einer guten gesunden Kindertageseinrichtung geht. Es bedarf jedoch einer systematischen Herangehensweise, um die einmal erreichte Qualität zuverlässig abzusichern, weitere Qualitätsziele zu

benennen und diese mit den verfügbaren Ressourcen auch zu erreichen. Hier setzen Qualitätsmanagementkonzepte an. Sie gehen von der grundsätzlichen Frage aus, wie eine Organisation so gesteuert werden kann, dass sich die Qualität ihrer Produkte bzw. Dienstleistungen kontinuierlich verbessert und sicher den Abnehmer erreicht.[130] Für Unternehmen bzw. Institutionen, die soziale Dienstleistungen bereitstellen, ist es dabei von besonderer Bedeutung, die Perspektiven aller Beteiligter zu berücksichtigen und auszuhandeln, da alle Beteiligten an der »Herstellung« von Qualität mitwirken. Die Orientierung an Dimensionen und Kriterien guter Qualität – im Falle der guten gesunden Kindertageseinrichtung an Dimensionen und Kriterien der Bildungs- und der Gesundheitsqualität, wie sie im beschriebenen Referenzrahmen formuliert sind – erleichtert diese Aushandlungsprozesse, ersetzt sie jedoch keinesfalls.

130 vgl. Esch u. a. 2006

Allerdings ist es nicht hinreichend, sich einmalig auf eine bestimmte Qualität in vereinzelten Handlungsfeldern zu einigen und diese umzusetzen. Damit sich eine Einrichtung zu einer »guten gesunden Kita« entwickeln kann, ist es neben den rechtlichen Rahmenbedingungen und dem gesetzlichen Auftrag notwendig, dass sich die Organisation kontinuierlich mit der Förderung von Bildung und Gesundheit auseinandersetzt und passgenaue Wege findet, die gemeinsam vereinbarten Ziele nach und nach zu verwirklichen. Die gute gesunde Kita ist kein Zustand, der einmal erreicht wird und dann unverändert bestehen bleibt. Vielmehr beschreibt die »gute gesunde Kita« den Lernprozess einer Organisation, die sich immer wieder aufs Neue auf die Bedingungen und Bedürfnisse von Kindern, Familien, Mitarbeiterinnen und Mitarbeitern sowie des sozialen Umfelds einstellt. Ziel ist es somit, einen Prozess der ständigen Qualitätsverbesserung zu initiieren und zu verstetigen und diesen Anspruch sowohl strukturell als auch als Bestandteil des individuellen professionellen pädagogischen Handelns zu verankern.

Gesundheits- und Qualitätsentwicklung muss fester und selbstverständlicher Bestandteil der pädagogischen Alltagspraxis sein. Und gerade deshalb ist es sinnvoll, in kleinen Schritten vorzugehen. Vorrangiges Ziel sollte es nicht sein, alle in Kapitel 4 aufgeführten Qualitätsziele umzusetzen, sondern mit den für die eigene Einrichtung wichtigen Qualitätsfeldern zu beginnen und diese kontinuierlich zu bearbeiten. Qualitätsentwicklung erfolgt als ständiger Prozess in einem Qualitätskreislauf oder einer Qualitätsspirale mit mehreren Elementen, die logisch aufeinander aufbauen. Pädagogische Qualitätsentwicklungskonzepte[131] verfahren in ähnlicher Weise wie Gesundheitszirkel in der betrieblichen Gesundheitsförderung[132] oder Ansätze partizipativer Qualitätsentwicklung[133]: auf eine Bestandsaufnahme bzw. Analysephase folgt eine Interventions- oder Maßnahmenphase, in der Entscheidungen für konkrete Maßnahmen getroffen und umgesetzt werden, die anschließend – in der Evaluationsphase – überprüft werden. Die Ergebnisse der Überprüfung führen zur Anbahnung der nächsten Maßnahmen.

5.1 Akteursebenen und Akteure

An der Weiterentwicklung der Kindertageseinrichtung zu einer »guten gesunden Kita« sind nicht allein die pädagogischen Fachkräfte und die Leitungskräfte beteiligt. Viernickel, Voss, Mauz und Schumann beschreiben vier Interventionsebenen für ein betriebliches Gesundheitsmanagement:

- Politik und Gesellschaft
- Träger der Kindertageseinrichtung
- Kitaleitung und
- pädagogische Fachkraft[134] (ebd. S. 196)

Die politisch und gesellschaftlich festgelegten Rahmenbedingungen, wie etwa die Formen und Inhalte der Aus- und Weiterbildung, die tarifliche Eingruppierung und Entlohnung der Fach- und Leitungskräfte sowie die Vorgaben für Personalschlüssel und Fach-

131 vgl. Tietze 2007
132 vgl. Khan 2000; 2012a
133 vgl. Wright 2010
134 Viernickel, Voss, Mauz und Schumann 2013

kraft-Kind-Relation beeinflussen das Gelingen einer integrierten Gesundheits- und Qualitätsentwicklung. Eine weitere Ressource stellt die wertschätzende und unterstützende Begleitung der Gesundheits- und Qualitätsentwicklung in einer Kita durch den jeweiligen Träger dar. Dazu gehören die Bereitstellung von fachlicher Expertise ebenso wie das Gewähren von weitreichender Eigenverantwortung und von Gestaltungsspielräumen.[135] Eine integrierte Gesundheits- und Qualitätsentwicklung gelingt dann besonders gut, wenn ein Team z. B. bei Fragen der Arbeitsorganisation, bei Anschaffungen oder baulichen Veränderungen mitentscheiden und selbst Verantwortung übernehmen kann. Auch Rahmenbedingungen, die z. T. trägerseitigem Einfluss unterliegen, stellen einen wichtigen Faktor einer gelingenden Gesundheits- und Qualitätsentwicklung dar: Zeit für die inhaltliche Auseinandersetzung mit dem Thema im Team, für die Reflexion der eigenen Arbeit, für die Entwicklung und Umsetzung geeigneter Maßnahmen und für die Information und Zusammenarbeit mit den Eltern. Werden die Anforderungen einer integrierten Gesundheits- und Qualitätsentwicklung als zusätzliche Belastung erlebt, mindert dies die Bereitschaft zur Mitarbeit. Auch die trägerseitige Unterstützung durch geeignete und übersichtliche Materialien, durch Fortbildungen oder die Prozessbegleitung durch Dritte kann zu einem Gelingen einer integrierten Gesundheits- und Qualitätsentwicklung beitragen. Insbesondere der Austausch mit anderen Einrichtungen in gemeinsamen Arbeitsgruppen oder durch Hospitationen kann eigene Organisationsentwicklungsprozesse vorantreiben.

Der Leiter bzw. die Leiterin der Kindertageseinrichtung und die pädagogischen Fachkräfte sind die zentralen Akteure. Vor allem von ihnen wird die Entwicklung hin zu einer guten gesunden Kita getragen. Entscheidend für einen langfristigen und erfolgreichen Qualitätsentwicklungsprozess ist die Bereitschaft der Fachkräfte, die eigene Arbeit zu reflektieren und sich persönlich und fachlich weiterzuentwickeln und die Kompetenz der Leitung, die Teammitglieder und anderen Akteure auf gemeinsame Ziele hin zu orientieren, ohne Unterschiede und konflikthafte Aspekte zu negieren. Eine Sensibilisierung der Fachkräfte für das Thema Gesundheit ist ebenso sinnvoll wie die Frage, wie jede einzelne Fachkraft von einem solchen Prozess profitieren kann. Erfahrungen, Erwartungen und Befürchtungen sollten thematisiert und bei der Planung des Verfahrens berücksichtig werden. Eine wichtige Entscheidung liegt auch darin, welche Akteure und Interessengruppen auf dem Weg zur guten gesunden Kita noch einbezogen werden sollen und zu welchen Zeitpunkten und auf welche Weise dies geschehen soll. Wie können Eltern, wie können Kinder sich beteiligen? Welche Mitsprache- oder auch Entscheidungsrechte sollen sie haben? Was bedeutet dies für die Kommunikation und die Organisation dieses Prozesses?

Eine integrierte Gesundheits- und Qualitätsentwicklung einer Kindertageseinrichtung ist ein Prozess, der sehr klein beginnen kann. Er soll vorhandene Projekte und Prozesse bündeln, Ressourcen stärken und Aufgaben erleichtern. Jede Auflistung von Qualitätskriterien einer guten gesunden Kita bildet einen Idealzustand ab und kann nur als richtungweisende Anregung verstanden werden. Eine integrierte Gesundheits- und Qualitätsentwicklung ist zwar nicht ohne zusätzliche Anstrengung zu verwirklichen, bietet jedoch die Chance, die Lebens- und Arbeitsbedingungen in Kindertageseinrichtungen langfristig zu verbessern. Dieser Prozess sollte wenn möglich moderiert bzw. begleitet werden.

135 Nagel-Prinz & Paulus 2012, S. 132

5.2 Der Qualitätsentwicklungsprozess

Zielklärung

Der Qualitätsentwicklungsprozess beginnt mit einem Dialog innerhalb des Teams über die Vorstellungen, die die Beteiligten mit den zentralen Begriffen »Bildung« und »Gesundheit« verbinden und über die Motive und Ziele, mit denen sie in diesen Prozess eintreten. In diesem Zusammenhang sollten auch die handlungsleitenden Orientierungen der einzelnen Fachkräfte thematisiert werden. Welche Grundhaltungen treiben ihr pädagogisches Handeln an? Welche Gemeinsamkeiten und welche Differenzen gibt es in den pädagogischen Haltungen? Ein erstrebenswertes Ziel könnte es sein, die Kita als lernende Organisation zu begreifen, die den Dialog über die Grundwerte ihrer Arbeit stets weiterführt und offen für neue Erkenntnisse und Erfahrungen bleibt.

Auf einer konkreten Ebene geht es aber auch darum, dass sich alle Akteure einen Überblick über den gesamten Referenzrahmen verschaffen und darüber entscheiden, welche Qualitätsfelder vorrangig bearbeitet werden sollen. Keine Einrichtung kann alle Qualitätsfelder in gleich starker Intensität und Differenziertheit bearbeiten. Unter dem Blickwinkel des exemplarischen Lernens ist dies auch nicht notwendig. Ein mögliches Auswahlprinzip ist es, an Themen anzusetzen, die gerade sowieso Gegenstand von Überlegungen und Planungen sind. Damit wird die Qualitätsentwicklung integraler Bestandteil der pädagogischen Arbeit. Hier kommen aber auch möglicherweise unterschiedliche Erfahrungen und Vorstellungen in Bezug auf ein Qualitätsfeld zum Vorschein. Damit ein gemeinsames Verständnis über Ziele und Wege entwickelt werden kann, ist der Diskurs im Team über diese Differenzen und die Verständigung über Gemeinsamkeiten von großer Bedeutung für den weiteren Verlauf des Prozesses. Die Ergebnisse dieses Verständigungsprozesses werden im Konzept der Einrichtung verschriftlicht – dies kann durch die Leitung, die Qualitätsbeauftragte oder eine hierfür zusammengestellte Fachgruppe erfolgen.

Organisationsdiagnose als Grundlage

Anschließend findet eine Organisationsdiagnose im Sinne einer Bestandsaufnahme statt, bei der die Stärken und Ressourcen in Bezug auf die ausgewählten Qualitätsfelder ebenso beleuchtet werden, wie Belastungen und Entwicklungsfelder. Damit wird ein Gegengewicht gegen die beiden verbreiteten Tendenzen gesetzt, lediglich nach Veränderungsnotwendigkeiten und »Defiziten« zu fahnden und fehlende oder ausschließlich mangelhafte Ressourcen für das (noch) nicht Erreichte verantwortlich zu machen. Die Bestandsaufnahme zeigt auf, was bereits geleistet wird. Diese Selbstvergewisserung ist auch Anerkennung der bisherigen Arbeit und Motivation zur Fortsetzung und Verbesserung. Gleichzeitig werden aber auch »blinde Flecken« und noch nicht befriedigende Praxen sichtbar, womit Anknüpfungspunkte für konkrete Maßnahmenplanungen entstehen.

136 vgl. Richter-Kornweitz 2011

Eine solche Bestandsaufnahme kann individuell oder teambezogen erfolgen. Die Kriterien in den vierzig Qualitätsfeldern des Referenzrahmens (vgl. Kap. 4.1) sind dabei nicht abschließend zu verstehen, sondern können (und sollen) durch weitere Gesichtspunkte ergänzt werden. Zur Systematisierung der Bestandsaufnahme können die oben benannten Ebenen (Politik und Gesellschaft; Träger; Kita-Leitung; Fachkräfte) herangezogen werden. In Bezug auf die ausgewählten Qualitätsfelder und unter Berücksichtigung aller vier Ebenen werden Antworten und Standpunkte zu Fragen erarbeitet wie:

- Woran erkennt man unsere Qualität in diesem Qualitätsfeld?
- Wer trägt wie zu dieser Qualität bei? Welche Ressourcen bringen die Akteure, auch die Kinder und ihre Familien zu dem Thema mit?
- Was zeichnet unsere Einrichtung besonders aus?
- Was fehlt uns noch? Wo liegen Entwicklungspotenziale und -notwendigkeiten?
- Wie beschreiben Eltern unsere Qualität in diesem Feld?
- Wie kommt unsere Qualität bei den Kindern an?
- ...

Formulierung von Zielen und Handlungsbedarfen

Aus dem, was ist, folgt nicht zwangsläufig, was sein soll – was so bleiben bzw. was sich (wie und in welche Richtung) verändern soll. Pädagogische wie auch persönliche Grundorientierungen spielen ebenso eine Rolle wie die Einschätzung von realistischen Möglichkeiten der Umsetzung. Diese Überlegungen müssen transparent werden, damit ein konstruktiver Konsens gefunden werden kann.

Eine Basis bietet die Vergewisserung darüber, was erhalten bleiben kann und soll, denn Klarheit darüber zu gewinnen, was bereits erreicht wurde, kann die Auseinandersetzung mit Möglichkeiten und Notwendigkeiten einer weiteren Verbesserung erleichtern, Anknüpfungspunkte für Weiterentwicklung bieten und motivationssteigernd wirken. Darüber hinaus geht es in diesem Schritt jedoch um die Konkretisierung von Zielen und sich daraus ableitenden Handlungsbedarfen. Auch hierfür ist die Zuordnung zu den vier Ebenen hilfreich, denn manches, was sinnvoll und wünschenswert wäre, liegt eventuell außerhalb des direkten Einflussbereichs der Kita-Leitung, des Kita-Teams und der einzelnen Mitarbeiterin bzw. Mitarbeiters, und manche Ziele lassen sich nur durch das Zusammenwirken mehrerer Ebenen erreichen und nachhaltig absichern.

Nachdem eine Zielsammlung erstellt wurde, sollten die Ziele daraufhin angesehen werden, auf welche Weise sie die Themen »Bildung« und »Gesundheit« miteinander verbinden, und ob es sich um kurz-, mittel- oder langfristige Ziele handelt. Langfristige Ziele sind in der Regel viel allgemeiner formuliert als mittel- und kurzfristige Ziele; sie müssen also durch »Etappenziele« operationalisiert werden. Jetzt kann man auch abschätzen, inwiefern sich einzelne Ziele wechselseitig ergänzen und befördern oder aber behindern, eventuell sogar miteinander konkurrieren. Generell ist es wichtig, dass realisierbare Ziele angestrebt werden. An diesem Punkt werden sich in der Regel noch einmal Korrekturen ergeben. Im Anschluss kann priorisiert werden: was soll als Erstes, was eher nachrangig angegangen werden? Für die Moderation all dieser Prozessschritte stehen vielfältige Methoden zur Verfügung, die den Prozess systematisieren, transparent machen und dokumentieren helfen.

Auf die Zielfindung bzw. Zielauswahl folgt die Entscheidung, welche Aktivitäten durchgeführt und welche Maßnahmen getroffen werden sollen, die zur Zielerreichung beitragen. Die Maßnahmenplanung beinhaltet immer eine Verständigung über das »Was« (Was soll getan, angeschafft, verändert werden?); das »Wer« (Wer ist verantwortlich für die Durchführung oder für Teilschritte, wer arbeitet mit oder liefert zu?); das »bis Wann« (Wie ist die Zeitplanung, bis zu welchem Termin soll die verabredete Aufgabe erfüllt sein?) und »mit welchen Ressourcen« (Welche Ressourcen stehen bereit und wie sind sie abrufbar?). Zur letzten Frage gehört wieder der Blick über das Team hinaus: Kann (muss) der Träger unterstützend tätig werden? Wie werden die Eltern bzw. Familien eingebunden? Welche Netzwerkpartner können einbezogen werden, um Synergieeffekte zu nutzen?

Zielüberprüfung

Jedes Qualitätsziel muss nach einer bestimmten Zeit überprüft bzw. evaluiert werden. Wurde das Ziel erreicht oder nicht? Was waren wichtige Gelingensbedingungen, wo gab es Schwierigkeiten, was gelang nicht? Zur Zielüberprüfung gehört auch die Auseinandersetzung mit der Frage, ob das Ergebnis wirklich zu einer Verbesserung bzw. Weiterentwicklung hin zu guten gesunden Kita im Sinne der mittel- oder langfristigen Zielvorstellungen führt oder führen kann. Die Zielüberprüfung ist im Grunde bereits der Auftakt zu einem neuen Durchgang des Qualitätskreislaufs im Sinne eines kontinuierlichen Verbesserungsprozesses, wobei entweder neue Qualitätsfelder in Angriff genommen werden oder eine Weiterarbeit mit Fokus auf die bisher bearbeiteten Qualitätsfelder erfolgen kann.

Die gelingende Implementierung einer systematischen Qualitätsentwicklungsarbeit hat immer auch Effekte auf die Kommunikation und Zusammenarbeit im Team und auf das professionelle Selbstverständnis der Akteure. Es ist denkbar, dass nach einer durchgeführten, gut strukturierten Evaluation Besprechungen im Team anders (zielgerichteter, methodisch besser unterstützt, ergebnisorientierter) verlaufen als vorher. Die Zielüberprüfung bzw. Reflexion der Zielerreichung sollte auch solche Transferprozesse thematisieren.

5.3 Gelingensbedingungen einer integrierten Gesundheits- und Qualitätsentwicklung

Abschließend sollen noch einmal die zentralen Faktoren benannt werden, die für das Gelingen einer nachhaltigen integrierten Gesundheits- und Qualitätsentwicklung verantwortlich sind. Sie stehen miteinander in enger Beziehung und können sowohl als Voraussetzung als auch als Ergebnis des Organisationsentwicklungsprozesses gelten. Die spiralförmig sich aufschichtende und somit Nachhaltigkeit befördernde Dynamik integrierter Gesundheits- und Qualitätsentwicklung wird daran erneut sichtbar.

- Die integrierte Gesundheits- und Qualitätsentwicklung wird vom gesamten Team der Einrichtung getragen. Der Leitungskraft und den Mitarbeiterinnen und Mitarbeitern stehen dafür angemessene zeitliche Ressourcen zur Verfügung.

- Die Leitungskraft und die Mitarbeiterinnen und Mitarbeiter bilden sich zu den Themen der integrierten Gesundheits- und Qualitätsentwicklung fort. Dafür stehen verschiedene Möglichkeiten zur Verfügung, wie externe Fortbildungsveranstaltungen, Teamfortbildungen, Fachberatung des Trägers sowie Fachliteratur.
- Alle Akteursgruppen sind an dem Entwicklungsprozess beteiligt. Der Prozess der Gesundheits- und Qualitätsentwicklung wird verständlich kommuniziert und ist für alle transparent.
- Die Themen »Gesundheit« und »Bildung« durchziehen selbstverständlich den gesamten Lebens- und Arbeitsalltag in der Kindertageseinrichtung und werden bei wichtigen Entscheidungen stets berücksichtigt. Vorhandene Ressourcen werden erkannt und weiter gestärkt, Belastungen werden reduziert.
- Die integrierte Gesundheits- und Qualitätsentwicklung ist an den Bedingungen, Bedürfnissen und Prioritäten der Menschen in der jeweiligen Kindertageseinrichtung ausgerichtet. Dabei werden die individuellen Lebenslagen sowie geschlechts-, kultur- oder sozial-bedingte Differenzen vorurteilsbewusst berücksichtigt.
- Der Qualitätsentwicklungsprozess wird von einer dafür ausgebildeten Person professionell angeleitet und begleitet und erfolgt mithilfe eines zielgerichteten, geplanten und systematischen Projektmanagements. Die Mitarbeiterinnen und Mitarbeiter sind mit Gesundheits- bzw. Qualitätszirkeln vertraut und nutzen diese.

Literatur

Alberti, S.: Kompetenzen im Team erkennen. Die Kita als lernende Organisation bei der Weiterentwicklung von Professionalität. Theorie und Praxis der Sozialpädagogik, 1, (2013), S. 15-19

Andresen, S. & Albus, S.: Bedürfnisse von Kindern: Befunde und Schlussfolgerungen aus der Kindheitsforschung. Expertise für das Ministerium für Generationen, Familie, Frauen und Integration des Landes Nordrhein-Westfalen. (2009) http://www.aba-fachverband.org/fileadmin/user_upload/user_upload%202010/berichte/Expertise_ Andresen _9.KJB_NRW.pdf

Antonovsky, A.: Salutogenese: Zur Entmystifizierung der Gesundheit. Tübingen: Dgvt-Verlag. (1997)

Autorengruppe Bildungsberichterstattung: Bildung in Deutschland 2012. Ein indikatorengestützter Bericht mit einer Analyse zur kulturellen Bildung im Lebenslauf. Bielefeld: W. Bertelsmann. (2012)

Autorengruppe Bildungsberichterstattung: Bildung in Deutschland 2014. Ein indikatorengestützter Bericht mit einer Analyse zur Bildung von Menschen mit Behinderungen. Bielefeld: W. Bertelsmann. (2014)

Becker, P.: Gesundheit durch Bedürfnisbefriedigung. Göttingen: Hogrefe Verlag. (2006)

Benner, D.: Allgemeine Pädagogik. Eine systematisch-problemgeschichtliche Einführung in die Grundstruktur pädagogischen Denkens und Handelns (4. völlig neu überarb. Aufl.). Weinheim und München: Juventa Verlag. (2001)

Berger, J., Niemann, D., Nolting, H.-D., Schiffhorst, G., Genz, H. O. & Kordt, M.: Stress bei Erzieher/innen. Ergebnisse einer BGW-DAK-Studie über den Zusammenhang von Arbeitsbedingungen und Stressbelastung in ausgewählten Berufen. Hamburg: BGW & DAK. (2001)

Bertelsmann Stiftung: Die gute gesunde Kita gestalten. Referenzrahmen zur Qualitätsentwicklung guter gesunder Kitas – Für Kita-Träger, Leitungen und pädagogische Mitarbeiter. Qualitäten der guten gesunden Kita. Gütersloh: Eigenverlag. (2012)

Blättner, B. & Heckenhahn, M.: Professionalisierung in der Gesundheitserziehung. In: Wuflhorst, B. & Hurrelmann, K. (Hrsg.): Handbuch Gesundheitserziehung. Bern: Hans Huber. (2009), S. 254-264

Blümel, S.: Systematisches Anforderungs-Ressourcen-Modell in der Gesundheitsförderung. In: Bundeszentrale für gesundheitliche Aufklärung (Hrsg.): Leitbegriffe der Gesundheitsförderung. Köln: BZgA. (2010)

Brägger, G. & Posse, N.: Instrumente für die Qualitätsentwicklung und Evaluation in Schulen (IQES). Wie Schulen durch eine integrierte Gesundheits- und Qualitätsförderung besser werden können. Schritte zur gesunden Schule (Bd. 1). Landesprogramme Bildung und Gesundheit Nordrhein-Westfalen (Hrsg.). Bern: h.e.p.-Verlag. (2007a)

Brägger, G. & Posse, N.: Instrumente für die Qualitätsentwicklung und Evaluation in Schulen (IQES). Wie Schulen durch eine integrierte Gesundheits- und Qualitätsförderung besser werden können. Vierzig Qualitätsbereiche mit Umsetzungsideen (Bd. 2). Landesprogramme Bildung und Gesundheit Nordrhein-Westfalen (Hrsg.). Bern: h.e.p.-Verlag. (2007)

Brandes, S. & Stark, W.: Empowerment/Befähigung. In: Bundeszentrale für gesundheitliche Aufklärung (Hrsg.): Leitbegriffe der Gesundheitsförderung. Köln: BZgA. (2010)

Bundesanstalt für Arbeitsschutz und Arbeitsmedizin: Sicherheit und Gesundheit bei der Arbeit 2013. Unfallverhütungsbericht Arbeit. (2014)

Bundesministerium für Arbeit und Soziales: Lebenslagen in Deutschland. 3. Armuts- und Reichtumsbericht der Bundesregierung. Bonn: Eigenverlag. (2013)

Bundesministerium für Familie, Senioren, Frauen und Jugend (Hrsg.): Zwölfter Kinder- und Jugendbericht. Bericht über die Lebenssituation junger Menschen und die Leistungen der Kinder- und Jugendhilfe in Deutschland. Berlin: BMFSFJ. (2006)

Bundesministerium für Familie, Senioren, Frauen und Jugend (Hrsg.): 13. Kinder- und Jugendbericht. Bericht über die Lebenssituation junger Menschen und die Leistungen der Kinder- und Jugendhilfe in Deutschland. Berlin: BMFSFJ. (2009)

Bundeszentrale für gesundheitliche Aufklärung (Hrsg.): Qualitätsmanagement in Gesundheitsförderung und Prävention. Grundsätze, Methoden und Anforderungen (Bd. 15). Köln: BzgA. (2001)

Bundeszentrale für gesundheitliche Aufklärung (Hrsg.): Gesund aufwachsen in Kita, Familie, Schule und Quartier. Nutzen und Praxis verhaltens- und verhältnisbezogener Prävention – KNP-Tagung am 18. und 19. Mai 2011 in Bonn. Forschung und Praxis der Gesundheitsförderung (Bd. 41). Köln: BZgA. (2012)

Conrad, G.: Gesundheitsförderung in Settings und das Gesundheitsfördernde Setting. Journal Gesundheitsförderung, 2013(1), S. 10-37

Damon, W.: Die soziale Welt des Kindes. Frankfurt: Suhrkamp. (1990)

Deutsche Gesellschaft für Ernährung e. V. (Hrsg.): DGE Qualitätsstandard für die Verpflegung in Tageseinrichtungen für Kinder. Bonn: Eigenverlag. (2013) http://www.bmel.de/SharedDocs/Downloads/Ernaehrung/Kita-Schule/Qualitaetsstandards Kindertageseinrichtungen.pdf?__blob=publicationFile (Download 27.07.2014).

DIN EN ISO 6385: 2004 Ergonomie – Grundsätze der Ergonomie für die Gestaltung von Arbeitssystemen (ISO/DIS 6385:2004)

Elsner, G., Petereit-Haack, G. & Nienhaus, A.: Berufsbedingte Infektionen bei Erzieherinnen und Erziehern in Kindergärten. Zbl Arbeitsmed, 59, (2009), S. 34-42

Faller, K. Faller, S. & Weiß, S.: Kinder können Konflikte klären: Mediation und soziale Frühförderung im Kindergarten – ein Trainingshandbuch. Münster: Ökotopia. (2008)

Franke, A.: Salutogenetische Perspektive. In: Bundeszentrale für gesundheitliche Aufklärung (Hrsg.): Leitbegriffe der Gesundheitsförderung. Köln: BZgA. (2010) www.bzga.de/leitbegriffe/?id=angebote&idx=164 (10.11.2015)

Fröhlich-Gildhoff, K.: Kooperation von Familien und familienergänzenden Einrichtungen. In: Stamm, M. & Edelmann, D.: Handbuch frühkindliche Bildungsforschung. Wiesbaden: Springer, (2013), S. 357-372

GKV-Spitzenverband: Leitfaden Prävention Handlungsfelder und Kriterien des GKV-Spitzenverbandes zur Umsetzung von §§ 20 und 20a SGB V. Berlin: GKV-Spitzenverband. (2010) http://www.gkv-spitzenverband.de/media/dokumente/presse/publika tionen/GKV_Leitfaden_Praevention_RZ_web4_2011_15702.pdf (Download 27.07.2014).

Gordon, T.: Familienkonferenz: Die Lösung von Konflikten zwischen Eltern und Kind. München: Heyne. (2012)

Griebel, W. & Niesel, R.: Transitionen. Weinheim: Beltz. (2004)

Hahn, D.: Nachhaltigkeit. Grundlegendes zur Begriffsbestimmung. In: Info-Dienst für Gesundheitsförderung, Zeitschrift von Gesundheit Berlin-Brandenburg. 14. Jg., 3/14. (2014), 5

Hansen, R., Knauer, R. & Sturzenhecker, B.: Die Kinderstube der Demokratie. Partizipation von Kindern in Kindertageseinrichtungen. Theorie und Praxis der Sozialpädagogik, 2, (2009), S. 46-50

Heller, E. (Hrsg.), Preissing, C. (Hrsg.), Boldaz-Hahn, S., Köpnick, J., Krüger, A., Macha, K., Schallenberg-Diekmann, R. & Urban, M.: Qualität im Situationsansatz. Qualitätskriterien und Materialien für die Qualitätsentwicklung in Kindertageseinrichtungen. Berlin: Cornelsen Scriptor. (2009)

Hemmerling, A.: Der Kindergarten als Bildungsinstitution. Hintergründe und Perspektiven. Wiesbaden: VS Verlag. (2008)

Herrnberger, G. & Schubert, Ch.: Qualität für die Kleinsten. Entwicklung und Sicherung von Standards in Kinderkrippen. Troisdorf: Bildungsverlag EINS. (2010)

Honig, M.-S., Joos, M. & Schreiber, N.: Was ist ein guter Kindergarten? Theoretische und empirische Analysen zum Qualitätsbegriff in der Pädagogik. Weinheim & München: Juventa. (2004)

Hurrelmann, K. & Richter, M.: Gesundheits- und Medizinsoziologie. Eine Einführung in sozialwissenschaftliche Gesundheitsförderung. Weinheim und Basel: Beltz Juventa. (2013)

Ilmarinen, J. & Tempel, J.: Arbeitsfähigkeit 2010 – Was können wir tun, damit Sie gesund bleiben? Hamburg: VSA. (2010)

IKK-Bundesverband: IKKimpuls-Berufsreport Erzieherinnen und Erzieher. Bergisch Gladbach: IKK Bundesverband. (2006)

Information und Technik Nordrhein-Westfalen – Geschäftsbereich Statistik (IT-NRW) (2009). Statistische Berichte Kindertagesbetreuung in Nordrhein-Westfalen am 15. März 2008

Joos, M.: Tageseinrichtungen für Kinder zwischen Dienstleistung und Bildungsanforderungen. Zeitschrift für Soziologie der Erziehung und Sozialisation, 22(3). (2002), S. 231-248

Jugendministerkonferenz & Kultusministerkonferenz: Gemeinsamer Rahmen der Länder für die frühe Bildung in Kindertageseinrichtungen. (2004) http://www.kmk.org/fileadmin/veroeffentlichungen_beschluesse/2004/2004_06_04-Fruehe-Bildung-Kitas.pdf (Download 27.07.2014)

Kain, W., Bukovics, M., Edtinger, B., Reithmayr, S. & Scharf, M.: KLIK – Konflikte lösen im Kindergarten. Berlin: Cornelsen Scriptor. (2006)

Khan, A.: Gesundheitszirkel in einer Kindertagesstätte (unveröffentl. wiss. Abschlussarbeit). Freie Universität Berlin. (2000)

Khan, A.: Gesundheitszirkel in Kindertagesstätten: Manual für die Moderation. Saarbrücken: AV Akademikerverlag. (2012a)

Khan, A.: Gesundheitsförderung für ErzieherInnen. Evaluation von Gesundheitszirkeln. Saarbrücken: AV Akademikerverlag. (2012a)

Kickbusch, I., Wait, S., & Maag, D.: Navigating health: the role of health literacy. London: Alliance for Health and the Future, International Longevity Centre-UK. (2005) http://www.emhf.org/resource_images/NavigatingHealth_FINAL.pdf

Kilian, H., Brandes, S. & Köster, M.: Die Praxis der soziallagenbezogenen Gesundheitsförderung. Handlungsfelder, Akteure und Qualitätsentwicklung. GGW. Wissenschaftliches Institut der AOK (WIdO), 8 (2), (2008), S. 17-26

Kliche, T.: Determinanten der Arbeitszufriedenheit und die Breitenwirksamkeit Betrieblicher Gesundheitsförderung in Kitas. Eine bundesweite Querschnittsstudie. Lengerich, New York: Pabst Science Publishers. (2011)

Kobelt Neuhaus, D.: Partnerschaftlich mit Eltern zusammenarbeiten. Kindergarten heute, (5), (2011), S. 28-32

Kobelt Neuhaus, D. & Refle, G.: Inklusive Vernetzung von Kindertageseinrichtung und Sozialraum. WiFF Expertise Nr. 37. München: Deutsches Jugendinstitut. (2013)

Kooperationsverbund Gesundheitliche Chancengleichheit: Gute Praxis konkret: Empowerment bei Kindern und Jugendlichen. (2013) http://www.gesundheitliche-chancengleichheit.de/gesundheitsfoerderung-bei-kindern-und-jugendlichen/gute-praxis/empowerment/ (Download 27.07.2014)

Laevers, F. (Hrsg.): Die Leuvener Engagiertheits-Skala für Kinder. LES-K. Fachschule für Sozialpädagogik, Erkelenz. (1997)

Lampert, T., Kroll, L. E., von der Lippe, E., Müters, S. & Stolzenberg, H.: Sozioökonomischer Status und Gesundheit. Ergebnisse der Studie zur Gesundheit Erwachsener in Deutschland (DEGS1). Bundesgesundheitsblatt, 56, (2013), S. 814-821 doi: 10.1007/s00103-013-1695-4

Leu, H.-R., Flämig, K., Frankenstein, Y., Koch, S., Pack, I., Schneider, K. & Schweiger, M.: Bildungs- und Lerngeschichten. Bildungsprozesse in früher Kindheit beobachten, dokumentieren und unterstützen. Weimar, Berlin: verlag das netz. (2007)

Liegle, L.: Pädagogik der frühen Kindheit – Erziehung und Bildung. In: Braches-Chyrek, R., Röhner, Ch., Sünker, H. & Hopf, M. (Hrsg.): Handbuch Frühe Kindheit. Opladen, Berlin, Toronto: Barbara Budrich. (2014), S. 25-40

Lyssenko, L., Rottmann, N., Bengel, J.: Resilienzforschung. Relevanz für Prävention und Gesundheitsförderung. Bundesgesundheitsblatt, 53, (2010), S. 1067-1072 doi: 10.1007/s00103-010-1127-7

Mayr, T. & Ulich, M.: perik (Positive Entwicklung und Resilienz im Kindergartenalltag). Beobachtungsbogen und Begleitheft. Freiburg: Herder. (2006)

Ministerium für Familie, Kinder, Jugend, Kultur und Sport des Landes Nordrhein-Westfalen & Ministerium für Schule und Weiterbildung des Landes Nordrhein-Westfalen (Hrsg.): Mehr Chancen durch Bildung von Anfang an – Entwurf – Grundsätze zur Bildungsförderung für Kinder von 0 bis 10 Jahren in Kindertageseinrichtungen und Schulen im Primarbereich in Nordrhein-Westfalen. Düsseldorf: Eigenverlag. (2011) http://www.bildungsgrundsaetze.nrw.de/fileadmin/dateien/PDF/Mehr_Chancen_durch_Bildung.pdf (Download 27.07.2014)

Müller-Schöll, A. & Priebke, M.: Sozialmanagement: Zur Förderung systematischen Entscheidens, Planens, Organisierens, Führens und Kontrollierens in Gruppen. Braunschweig: Diesterweg. (1989)

Nagel-Prinz, S. M. & Paulus, P.: Wie geht es Kita-Leitungen? Gesundheitliche Belastungen von Führungskräften in Kindertageseinrichtungen. Prävention und Gesundheitsförderung, 7 (2), (2012), S. 127-134

Nachreiner, F.: Über einige aktuelle Probleme der Erfassung, Messung und Beurteilung der psychischen Belastung und Beanspruchung. Zeitschrift für Arbeitswissenschaft, 56, (2001), S. 10-21

Nentwig-Gesemann, I., Fröhlich-Gildhoff, K., Harms, H., Richter, S.: Professionelle Haltung – Identität der Fachkraft für die Arbeit mit Kindern in den ersten drei Lebensjahren. WIFF-Expertisen, 24. München: DJI. (2011) Piefel, G.: Grundbedürfnisse der Kinder. Materialien für die Fortbildung von Erzieherinnen im Kindergarten. Köln: Kohlhammer. (1993)

Rauschenbach, Th.: Zukunftschance Bildung. Familie, Jugendhilfe und Schule in neuer Allianz. Weinheim: Juventa. (2009)

Richter-Kornweitz, A.: Gesunde Kita für alle! Leitfaden zur Gesundheitsförderung im Setting Kindertagesstätte (2. Aufl.). Hannover: Landesvereinigung für Gesundheit und Akademie für Sozialmedizin Niedersachsen e.V. (2011)

Robert Koch Institut (Hrsg.): Erste Ergebnisse der KiGGS-Studie zur Gesundheit von Kindern und Jugendlichen in Deutschland. Berlin: RKI. (2006)

Robert Koch-Institut (Hrsg.): Beiträge zur Gesundheitsberichterstattung des Bundes. Daten und Fakten: Ergebnisse der Studie »Gesundheit in Deutschland aktuell 2010«. Berlin: RKI. (2012)

Robert Koch-Institut (Hrsg.): KiGGS. Die Gesundheit von Kindern und Jugendlichen in Deutschland 2013. Berlin: RKI. (2014)

Rosenbrock, R. & Kümpers, S.: Zur Entwicklung von Konzepten und Methoden der Prävention. Psychotherapeut, 51 (6), (2006), S. 412-420

Rosenbrock, R. & Hartung, S.: Settingansatz/Lebensweltansatz. http://www.leitbegriffe.bzga.de/systematisches-verzeichnis/strategien-handlungsansaetze-und-methoden/settingansatz-lebensweltansatz (Download 11.10.2015)

Roßbach, H.-G.: Effekte qualitativ guter Betreuung, Bildung und Erziehung im frühen Kindesalter auf Kinder und ihre Familien. In: Sachverständigenkommission Zwölfter Kinder- und Jugendbericht (Hrsg.): Bildung, Betreuung und Erziehung von Kindern unter sechs Jahren. Band 1. München: Verlag Deutsches Jugendinstitut. (2005), S. 55-174

Seyda, S.: Der Einfluss der Familie auf die Gesundheit und Bildungslaufbahn von Kindern. IW-Trends – Vierteljahresschrift zur empirischen Wirtschaftsforschung aus dem Institut der deutschen Wirtschaft, 36 (3) (2009), S. 1-17 doi: 10.2373/1864-810X.09-03-06

Spitzer, M.: Lernen. Gehirnforschung und die Schule des Lebens. Heidelberg: Spektrum. (2002)

Statistische Ämter des Bundes und der Länder: Kindertagesbetreuung regional 2014. Ein Vergleich aller 402 Kreise in Deutschland. Wiesbaden. (2014) http://www.statistikportal.de/statistik-portal/kita_regional.pdf (Download 27.06.2015)

Steuerungsgruppe des Landesprogramms »Bildung und Gesundheit«. BuG. Bildung und Gesundheit. Landesprogramm NRW. (2013) http://www.bug-nrw.de/das-landesprogramm/landesprogramm/landesprogramm.html (Download 27.07.2014)

Strätz, R.: Bildung und Gesundheit in Tageseinrichtungen für Kinder. Entwurf eines Referenzrahmens (unveröffentlichtes Manuskript). (2010)

Strätz, R., Hermens, C., Fuchs, R., Kleinen, K., Nordt, G. & Wiedemann, P.: Qualität für Schulkinder in Tageseinrichtungen. Ein nationaler Kriterienkatalog. Weinheim: Beltz. (2003)

Strehmel, P.: Leitungsfunktion in Kindertageseinrichtungen. Aufgabenprofile, notwendige Qualifikationen und Zeitkontingente. In: Viernickel, S., Fuchs-Rechlin, K., Strehmel, P., Preissing, C., Bensel, J. & Haug-Schnabel, G. (Hrsg.): Qualität für alle. Wissenschaftlich begründete Standards für die Kindertagesbetreuung. Freiburg: Herder. (2015), S. 131-252

Sulzer, A.: Inklusion als Werterahmen für Bildungsgerechtigkeit. In Wagner, P. (Hrsg.): Handbuch Inklusion. Grundlagen vorurteilsbewusster Bildung und Erziehung (3. Aufl.). Freiburg im Breisgau: Herder. (2013), S. 12-21

Techniker Krankenkasse (Hrsg.): TK-Gesundheitsreport 2009 – Veröffentlichungen zum betrieblichen Gesundheitsmanagement der TK (Bd. 21). Schwerpunkt: Gesundheit von Beschäftigten in Zeitarbeitsunternehmen. Hamburg: Techniker Krankenkasse. (2009)

Techniker Krankenkasse (Hrsg.): TK-Gesundheitsreport 2010 – Veröffentlichungen zum betrieblichen Gesundheitsmanagement der TK (Bd. 24). Schwerpunktthema: Die erste Dekade eines neuen Jahrtausends – Gesundheitliche Veränderungen bei Erwerbspersonen von 2000 bis 2009. Hamburg: Techniker Krankenkasse. (2010)

Techniker Krankenkass (Hrsg.): TK-Gesundheitsreport 2013 – Veröffentlichungen zum betrieblichen Gesundheitsmanagement der TK (Bd. 28). Schwerpunktthema: Berufstätigkeit, Ausbildung und Gesundheit. Hamburg: Techniker Krankenkasse. (2013)

Thinschmidt, M., Gruhne, B. & Hoesl, S.: Forschungsbericht zur beruflichen und gesundheitlichen Situation von Kita-Personal in Sachsen. Ein Vergleich des Landkreises Torgau-Oschatz mit der Stadt Zwickau. Dresden: Technische Universität. (2008)

Tietze, W. (Hrsg.): Wie gut sind unsere Kindergärten? Untersuchungen zur pädagogischen Qualität in Kindertagesstätten. Berlin: Luchterhand. (1998)

Tietze, W. & Viernickel, S. (Hrsg.), S., Dittrich, I., Grenner, K., Sommerfeld, V., Hanisch, A. & Groot-Wilken, B.: Pädagogische Qualität in Tageseinrichtungen für Kinder. Ein nationaler Kriterienkatalog. Berlin: Cornelsen Scriptor. (2007)

van Dick, R. & Wagner, U.: Vorzeitige Pensionierung im Lehrberuf – Identifikation als Schutzfaktor gegen Stress und Beanspruchung. Vorbereitende Texte für das Symposion: Lehrerbelastung – Lehrergesundheit. Bestandsaufnahme – Diagnose – Prävention – Intervention. In: H. Heyse (Hrsg.): Deutscher Psychologentag und 21. Kongress für angewandte Psychologie. Bonn. (2001), S. 25-27

Viernickel, S.: Qualitätskriterien und -standards im Bereich der frühkindlichen Bildung und Betreuung. Remagen: ibus. (2006)

Viernickel, S. & Schwarz, S.: Expertise Schlüssel zu guter Bildung, Erziehung und Betreuung – Wissenschaftliche Parameter zur Bestimmung der pädagogischen Fachkraft-Kind-Relation. Berlin: GEW. (2009)

Viernickel, S., Voss, A., Mauz, E. & Schumann, M.: Prävention in NRW. Gesundheit am Arbeitsplatz Kita. Ressourcen stärken, Belastungen mindern (1. Aufl.). Düsseldorf: Unfallkasse Nordrhein-Westfalen. (2014)

Völkel, P.: Wie und was Kinder von- und miteinander lernen. Die Bedeutung der Interaktion zwischen Kindern. Kindergarten heute, (8) (2010), S. 8-13

Weinert, A. B.: Organisationspsychologie. Ein Lehrbuch. Weinheim: Beltz Psychologie Verlags Union. (1998)

WHO, Weltgesundheitsorganisation: Ottawa-Charta zur Gesundheitsförderung. Erste Internationale Konferenz zur Gesundheitsförderung. Ottawa. (1986)

Wright, M.: Partizipative Qualitätsentwicklung in der Gesundheitsförderung und Prävention. Bern: Hans Huber-Verlag. (2010)

Wygotski, L.: Ausgewählte Schriften (Bd. 2). Arbeiten zur psychischen Entwicklung der Persönlichkeit. Köln: Pahl-Rugenstein. (1987)

Gesetze

Arbeitsschutzgesetz ArbSchG. Gesetz über die Durchführung von Maßnahmen des Arbeitsschutzes zur Verbesserung der Sicherheit und des Gesundheitsschutzes der Beschäftigten bei der Arbeit.
http://www.gesetze-im-internet.de/bundesrecht/arbschg/ gesamt.pdf (Download 08.08.2014)

Kinderbildungsgesetz – KiBiz. Viertes Gesetz zur Ausführung des Kinder- und Jugendhilfegesetzes – SGB VIII. (2014). Ministerium für Inneres und Kommunales Nordrhein-Westfalen.
https://recht.nrw.de/lmi/owa/br_bes_text?anw_nr=2&gld_nr=2&ugl_nr= 216&bes_id=10994&aufgehoben=N&menu=1&sg=0 (Download 29.07.2014)

Sozialgesetzbuch (SGB VIII). Achtes Buch Kinder- und Jugendhilfe. Neugefasst durch Bek. v. 11.9.2012 I 2022; zuletzt geändert durch Art. 1 G v. 29.8.2013 I 3464.
http://www.sozialgesetzbuch-sgb.de/sgbviii/1.html (Download 29.07.2014)

Schulgesetz NRW – SchulG. Schulgesetz für das Land Nordrhein-Westfalen. Vom 15. Februar 2005 (GV. NRW. S. 102) zuletzt geändert durch Artikel 3 des Gesetzes vom 17. Juni 2014 (GV. NRW. S. 336).
http://www.schulministerium.nrw.de/docs/Recht/ Schulrecht/Schulgesetz/Schulgesetz.pdf (Download 29.07.2014)